100 % MÄDCHEN

Alles über mich –
das kreative Ideenbuch nur für Mädchen

Dieses Buch gehört:

....

moses.

INHALT

▼▼▼ Meine Rezepte ▼▼▼

▼▼▼ Meine Eigenkreationen ▼▼▼

▼▼▼ Meine Notizen und Erlebnisse ▼▼▼

Klebe hier

ein *Foto*

von dir ein

Das bin ich.

BEST
FRIENDS
forever!

Girl

Meine Tests,
meine Tipps und Tricks

Meine Tests, meine Tipps und Tricks

Freundschaften, Persönlichkeit, Mode, soziale Netzwerke, Ernährung – mach die Tests zu diesen Themen und erfahre dabei eine Menge über dich selbst. Außerdem findest du hier viele nützliche Tipps und Tricks, die dir den Alltag einfacher und schöner machen.

EVERY GIRL IS A PRINCESS

Welcher Freundinnentyp bist du?

Gar nicht so einfach, die Freundin zu sein, von der alle träumen. Dazu muss man nicht nur in guten, sondern auch in schlechten Zeiten da sein – ohne sich ausnutzen zu lassen, versteht sich. Wie eng ist eure Freundschaft?

1 Anna, deine beste Freundin, kommt mit der gleichen hippen Jeans in die Schule wie du. Wie reagierst du?

a) Super, jetzt sind wir wie Schwestern!

b) Jetzt übertreibt sie aber – mich so nachzumachen …

c) Sitzt ganz schön knapp, das Teil; sie denkt wohl, sie ist Kate Moss?!

2 Ihr seid beide in Lukas verliebt, den hübschesten Jungen der Klasse.

a) Du findest, das schweißt euch noch ein Stück mehr zusammen.

b) Um Anna abzuschrecken, erzählst du ihr Horrorgeschichten über Lukas.

c) Die Bessere möge gewinnen!

3 Du hast die letzte Staffel eurer Lieblingsserie zum Geburtstag bekommen.

a) Du schlägst Anna gleich einen gemeinsamen Fernsehabend im Pyjama vor.

b) Du postest die Neuigkeiten so schnell wie möglich auf Facebook: Sie wird bestimmt grün vor Neid!

c) Du sagst gar nichts; die Staffel leihst du ihr, wenn du selbst damit durch bist.

4 Rückgabe des Deutschtests. Du hast eine 1, Anna eine 5.

a) Du bietest ihr an, nächstes Mal vorher mit ihr zu lernen.

b) Du gibst mit deinem ausgezeichneten Ergebnis bei allen an.

c) Du denkst: Offenbar hat sie sich eben nicht gut genug vorbereitet.

5 Du hast dir eine Riesentüte Süßigkeiten gekauft.

a) Du bietest ihr welche an.

b) Du genießt sie vor ihrer Nase und denkst nicht mal daran, ihr welche abzugeben.

c) Du schlingst das ganze Päckchen heimlich hinunter, damit sie nichts davon mitbekommt.

6 Annas neuer Haarschnitt ist eine totale Katastrophe.

a) Du beruhigst sie und sagst ihr, dass sie supersüß aussieht.

b) Du schleuderst ihr lautstark entgegen: „Wie siehst du denn aus?! Das ist ja furchtbar!"

c) Du sagst gar nichts und hoffst, dass sie dich nicht nach deiner Meinung fragt.

7 Vorgestern hast du dich mit Anna wegen irgendeiner albernen Sache gestritten.

a) Die Sache löst sich einfach so in Nichts auf: Beim nächsten Treffen fallt ihr einander lachend in die Arme.

b) Kommt ja gar nicht infrage, dass du den ersten Schritt machst!

c) Nachdem du den ganzen Tag darüber gegrübelt hast, schickst du ihr eine SMS und erklärst ihr genau, wie du das Ganze siehst …

8 Deine Freundschaft mit Anna hält …

a) euer Leben lang.

b) bis du ein anderes nettes Mädchen triffst.

c) bis zu eurem nächsten Streit.

Zähle nach, ob du Antwort **a**, **b** oder **c** am häufigsten hast.

Test-ergebnis

Hauptsächlich a

Du bist die Traumfreundin! Egal, was passiert, deine Freundinnen können immer auf dich zählen. Vergiss nur nicht, auch ein bisschen an dich zu denken ...

Hauptsächlich b

Ätzend, dein Verhalten! Man könnte meinen, für dich zählt nichts als deine eigene kleine Person. Aber Vorsicht: Durch dein egoistisches Verhalten könntest du irgendwann ganz allein dastehen.

Hauptsächlich c

Du bist eine gute Freundin, auch wenn du manchmal deine Interessen über die der anderen stellst. Versuche, das ein wenig zu ändern; dann wirst du vielleicht zum umschwärmtesten Mädchen der Klasse.

BFs 4 Ever

und Tipps Tricks

6 Tipps, wie du Freundinnen findest und behältst

1. Die ersten Schritte

Du siehst im Hof oder im Freibad ein sympathisches Mädchen? Mach den ersten Schritt: Sprich sie an. Sich für andere zu interessieren, ist normal – kein Grund, sich zu schämen. Der Rest kommt dann von allein.

2. Gemeinsame Aktivitäten

Schlag ihr vor, etwas zu unternehmen, was euch beiden Spaß macht: Ihr könntet zusammen ins Kino gehen, shoppen, Tennis oder Wii spielen ...

3. Vertrauen

Wenn dir eine Freundin ein Geheimnis oder ihren Liebeskummer anvertraut, muss sie sicher sein können, dass du dichthältst. Das ist die Basis einer Freundschaft.

4. Bring sie zum Lachen

Es gibt nichts Schöneres, als gemeinsam zu lachen; und zwar nicht über andere, sondern über lustige Situationen. Besonders toll ist es, wenn du über dich selbst lachen kannst!

5. Freundschaftsbeweise

Es gibt viele kleine Zeichen der Freundschaft: Bring deiner Freundin aus dem Urlaub ein Souvenir mit (feinen Sand, einen bemalten Stein ...), oder schicke ihr Fotos aufs Smartphone.

6. Offenheit

Wenn dich deine Freundin verletzt hat, erkläre ihr, warum. Wenn du wirklich an ihr hängst, musst du dich mit kleinen Macken vermutlich abfinden. Manchmal ist es auch besser, für eine Weile Abstand zu halten.

Bist du eher romantisch oder draufgängerisch?

Träumst du davon, deine „andere Hälfte" zu finden, den Jungen, der dich immer lieben wird? Oder willst du lieber Erfahrungen sammeln und trotzdem eines Tages die große Liebe finden?

 **Deine Kinoheldin ist ...**
a) die Elbenfürstin Arwen (der Abendstern) in *Herr der Ringe*.
b) Bella Swan in *Twilight*.
c) Catwoman.

2 Der schönste Liebesbeweis für dich ist ...
a) ein Strauß Wiesenblumen.
b) ein teures Schmuckstück.
c) eine massive Eifersuchtsszene.

3 Ein superschüchterner Junge will sich mit dir nach der Schule verabreden.
a) Du verabredest dich zum Spaziergang im Mondschein.
b) Du schlägst ein Treffen auf Snapchat vor.
c) Reine Zeitverschwendung.

4 Dein neuer Freund tuschelt mit einer anderen.
a) Das bricht dir das Herz, du vergehst vor Kummer.
b) Du beschließt, nicht mehr mit ihm zu sprechen.
c) Du sagst den beiden offen, was dich belastet.

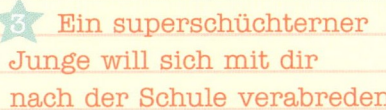

5 Der Junge deiner Träume ist …

a) ein charmanter, schöner Prinz.
b) ein netter, lustiger Junge.
c) eine Mischung aus Stromae und Elyas M'Barek.

6 Wer ist deine Lieblingsheldin aus der Literatur?

a) Julia aus *Romeo und Julia*.
b) Hermine Granger aus *Harry Potter*.
c) Katniss Everdeen aus *Tribute von Panem*.

7 Ein Junge kriegt dich rum, wenn er sagt:

a) „Deine Augen sind wie zwei Seen, in denen ich ertrinke."
b) „Hast du Lust, mit mir ins Kino zu gehen?"
c) „Ich finde deine Doc Martens cool!"

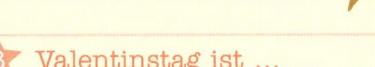

8 Valentinstag ist …

a) das Fest der Liebe.
b) ein Anlass für eine hübsche Überraschung.
c) eine sentimentale Falle, die es zu meiden gilt.

Zähle nach, ob du Antwort a, b oder c am häufigsten hast.

Test-ergebnis

Hauptsächlich 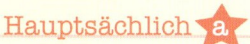 a

Du bist eine echte Romantikerin! Du träumst von der ewig während en Liebe auf den ersten Blick. Das ist auch ganz normal in deinem Alter. Der Schriftsteller Daniel Pennac sagt: „Liebe macht blind. Liebe muss ja blind machen! Sie hat ihr eigenes Licht – und das blendet."

Hauptsächlich b

Du hast Lust auf die Liebe, und das ist gut so. Denn die Liebe zu lieben heißt, das Leben zu lieben. Und du hast verstanden, dass echte Liebe auf Gegenseitigkeit beruht, dass Lieben nicht bedeutet, sich selbst zu vergessen und nur noch an den anderen zu denken.

Hauptsächlich c

Du bist eine Löwin! Du lässt dich auch auf Liebes-abenteuer ein, willst dabei aber deine Unabhängigkeit bewahren. Und du willst alles unter Kontrolle haben – achte darauf, dass andere nicht darunter leiden.

Love

Tipps und Tricks

5 Tipps, wie du Schüchternheit überwindest

Du wärst gern entspannt im Umgang mit Jungs, aber es nützt nichts: Immer wenn dich einer anspricht, wirst du rot wie eine Tomate, und deine Stimme fängt an zu zittern? Keine Sorge, gegen Schüchternheit kann man etwas tun!

1. Nimm an einem Theater-Workshop teil

Schauspielern hilft ausgezeichnet gegen Schüchternheit! Du stehst auf der Bühne und spielst eine andere Rolle als deine eigene – so überwindest du leichter deine Angst. Und nette Leute lernst du dabei auch noch kennen!

2. Lerne, positiv zu denken

Autosuggestion nennt man das auch: Wenn dir eine heikle Situation bevorsteht, spiel sie in deiner Vorstellung durch und sage dir, dass alles gut ablaufen wird und dass du witzig und charmant rüberkommen wirst. Das stärkt dein Selbstvertrauen.

3. Achte auf deinen Atem

Ruhig atmen hilft immer! Schließe die Augen, lege eine Hand auf die Brust, die andere auf den Bauch, atme tief durch die Nase ein und ganz langsam wieder aus. Wiederhole diese Antistress-Übung mehrmals am Tag.

4. Werde eine Judoka

Wenn du eine Kampfsportart erlernst, etwa Judo, Aikido oder Capoeira, stärkst du damit dein Selbstvertrauen und verbesserst Reaktionsvermögen und Kraft. Du wirst dich in deinem Körper gut fühlen und wirst emotional ausgeglichen sein. Außerdem kannst du bei den Jungs damit angeben!

5. Steh zu deiner Schüchternheit und setze sie spielerisch ein

Du bist schüchtern? Da bist du jedenfalls nicht die Einzige, so viel steht fest. Auch Jungs sind schüchtern, obwohl sie oft die Starken mimen. Der süße Lukas hat sich getraut, dich ins Kino einzuladen? Dann such nicht nach einer Ausrede, um dich zu drücken. Geh mit, auch wenn du Lampenfieber hast. Falls er es überhaupt merkt, wird er dich dadurch eher noch liebenswerter finden!

Bist du eine echte Fashionista?

Musst du die neue Jacke, die Justin Bieber trägt, unbedingt haben, oder kreierst du lieber aus einem alten Blazer deiner Mutter deinen eigenen Look? Findest du Modetrends superwichtig, oder lassen sie dich kalt?

1 In Sachen Schuhe:
a) Uggs® hast du als Erste von der ganzen Schule getragen.
b) Du fühlst dich wohl in deinen alten Turnschuhen.
c) Was sind nochmal Uggs®?

2 Du brauchst etwas Warmes für den Winter.
a) Eine Jacke von Canada Goose, was anderes kommt nicht infrage!
b) Du suchst im Internet nach Tipps.
c) Du schaust mit deiner Freundin in den Secondhand-laden ums Eck.

3 Die individuell gestalteten Fingernägel mancher Mädchen findest du …
a) super!
b) pfff …
c) grässlich!

4 Was ist Zadig&Voltaire?
a) Eine Klamottenmarke, die ich vergöttere.
b) Eine verdammt teure Klamottenmarke.
c) Ein Roman, der im Abi drankommt.

5 Wenn du dich morgens anziehst, möchtest du …

a) deine Figur zur Geltung bringen.
b) cool aussehen.
c) dich in bequemen Klamotten wohlfühlen.

6 Zoe ist immer nach dem letzten Schrei gekleidet.

a) Du bist eifersüchtig auf sie.
b) Du findest, sie sieht manchmal ganz schön seltsam aus.
c) So eine Angeberin!

7 Thema Sonnenbrille:

a) Du hast dir gerade eine ausgeflippte Fliegerbrille gekauft.
b) Du trägst ausschließlich Brillen bekannter Marken.
c) Die letzte hat dir deine Mutter vor vier Jahren gekauft.

8 Du hast ein megasüßes Top entdeckt, hast aber dein ganzes Taschengeld für diesen Monat schon ausgegeben.

a) Du flehst deinen Vater an, dir das Top zu kaufen.
b) Du wartest den Monat ab und hoffst, dass es dann noch da ist.
c) Egal, es gibt Wichtigeres.

Zähle nach, ob du Antwort a, b oder c am häufigsten hast.

Test-ergebnis

Hauptsächlich **a**

Du bist verrückt nach Klamotten. Du stehst auf angesagte Marken und trendige Accessoires. Dein Aussehen ist dir total wichtig, und du hast einen erlesenen Geschmack. Vergiss aber nicht, dass es auch noch anderes im Leben gibt als Mode.

Hauptsächlich **b**

Du schaffst es, zwischen coolem Look und gutem Geschmack ein Gleichgewicht zu finden. Du stehst zwar auf Mode, aber nicht um jeden Preis. Bei einem Stück, das es dir angetan hat, wirst du schwach, doch übermäßigen Konsum machst du nicht mit. Bravo!

Hauptsächlich **c**

Mode ist echt nicht dein Ding. Du findest, die inneren Werte zählen viel mehr als Äußerlich-keiten, und der Inhalt kommt vor der Hülle. Du hast recht! Achte aber darauf, dass du dich nicht gehen lässt. Das ist auch eine Frage des Respekts deinen Mitmenschen gegenüber …

und Tipps Tricks

 ## So verpasst du deiner Kleidung eine persönliche Note

Du liebst Klamotten? Dann fällt es dir bestimmt manchmal schwer, deinen Kleiderschrank auszumisten. Zum Glück gibt es eine Menge origineller und kreativer Möglichkeiten, abgetragene Stücke aufzupeppen.

Extratipp 1:
Im Internet gibt es zahlreiche Blogs mit Ideen, wie du Klamotten aufpeppen kannst. Schau dich um und lass dich inspirieren.

Deine Shorts sehen jämmerlich aus?

Schnapp dir Textilstifte und schaffe ein Kunstwerk. Du kannst auch mit einer oder zwei Freundinnen ein „Graffity" gestalten. Wenn es glamourös werden soll, nehmt einfach Gold- oder Silberstifte.

Deine Lieblings-T-Shirts sehen oll aus?

Gib ihnen ein neues Gesicht! Einfach eine Zeichnung anfertigen oder ein Motiv ein-scannen, auf Transferpapier drucken und aufbügeln. Der Erfolg ist garantiert!

Deine Jeans sind am Hintern ausgeleiert?

Einfach Rocailles-Perlen auf die hinteren Taschen aufnähen – fertig ist der neue Look. Ein oder zwei Reihen kannst du auch ganz unten an den Hosenbeinen anbringen. Wenn du nicht gern nähst, verwende selbstklebenden Strass.

Deine Sneakers sind zu fad?

Wenn du deine Stoffturnschuhe rockiger haben willst, verzierst du sie einfach mit ein paar Nieten. Im Internet findest du Nieten in allen Größen, zum Anklemmen, Festschrauben oder Nageln. Totenkopf-nieten machen den Look punkig.

Extra-tipp 2:
Wenn du Lust auf neue Garderobe hast, veranstalte mit deinen Freundinnen eine Kleidertauschparty.

Stehst du eher auf Junk Food oder auf Bio?

Schon im alten Rom hatte man die Vorstellung, dass ein gesunder Geist in einem gesunden Körper wohnt. Die Wahl zwischen dem, was gut für dich ist, und dem, was dir schmeckt, fällt jedoch nicht immer leicht.

1 An deinem Geburtstag wünschst du dir als Nachtisch ...
a) einen Haufen individuell gestaltete M&M's® mit einem Foto von dir drauf.
b) eine Torte vom Konditor.
c) einen selbst gemachten Schokokuchen von deiner Mama.

2 Wie stehst du zu McDonald's?
a) Am liebsten täglich!
b) Gern mal mit Freunden, wenn es sich ergibt.
c) Mag ich nicht, zu fettig.

3 Was isst du zum Frühstück am liebsten?
a) Butterbrot, dick mit Nutella bestrichen.
b) Ein Croissant.
c) Mit Honig gesüßten Joghurt.

4 Das perfekte Essen mit Freunden enthält für dich ...
a) eine Pizza vom Pizzaservice.
b) eine von dir selbst gemachte Pizza (und darin bist du Profi!)
c) einen großen gemischten Salat mit Mais, Tomaten, grünen Bohnen, Lachs, Mozzarella ...

5 Was ist Quinoa?
a) Nie gehört.
b) Ein Körnerzeug, von dem meine Mutter sagt, ich soll es statt Nudeln essen.
c) Eine Art Getreide aus Südamerika, das lecker schmeckt.

6 Wie sieht es aus mit Getränken?
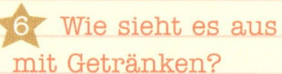
a) Cola light.
b) Smoothies.
c) Frisch gepresster Orangensaft.

7 Dein tägliches Mittagessen?
a) Ich esse nicht viel, nur ein bisschen Knabberzeug.
b) Ein Sandwich vom Laden neben der Schule.
c) Eine warme Mahlzeit zu Hause oder in der Schulkantine.

8 Vegetarier sein heißt ...
a) zur Sekte der Körnerfresser zu gehören.
b) sich fleischlos zu ernähren.
c) eine kritische Haltung zur Ausbeutung der Tiere zu haben.

9 Wie viel Obst und Gemüse isst du täglich?
a) Gar keines. Höchstens mal Pommes oder Erdbeerjoghurt.
b) Das, was es in der Schulkantine oder zu Hause gibt.
c) Fünf Portionen, wie es empfohlen wird.

10 Welche Art Fisch isst du am liebsten?
a) Surimi-Sticks.
b) Fischstäbchen.
c) Gebratene frische Heringe.

Zähle nach, ob du Antwort a, b oder c am häufigsten hast.

Test-ergebnis

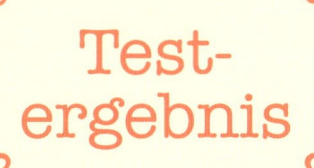

Hauptsächlich  a

Vorsicht, deine Ernährung kann deiner Gesundheit schaden! Wer so viel Zucker und Fett zu sich nimmt, gewöhnt sich leicht auf Dauer schlechte Essgewohnheiten an! Wie wär's, wenn du dich bewusster ernähren würdest?

Hauptsächlich b

Bravo, du ernährst dich ausgewogen. Du weißt, dass es wichtig ist, abwechslungsreich zu essen, darauf zu achten, woher die Lebensmittel kommen, und wenig Fertigmahlzeiten zu sich zu nehmen. Wenn du jetzt noch Sport machst, bekommst du eine Eins!

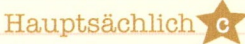

Hauptsächlich c

Du stehst für Ökobewusstsein – „Hauptsache Bio" ist dein Motto. In puncto Pestizidbelastung und Analog-käse macht dir niemand so leicht etwas vor. Jede Woche wartest du ungeduldig, bis deine Mutter mit dem Korb voll Obst und Gemüse vom Markt kommt …

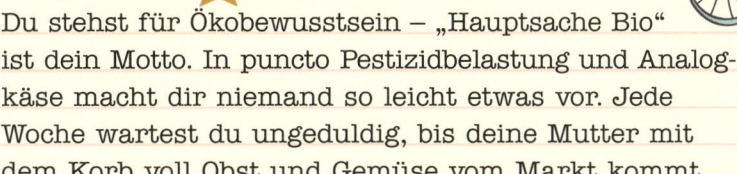

Tipps und Tricks

10 Lebensmittel, die gut für dich sind

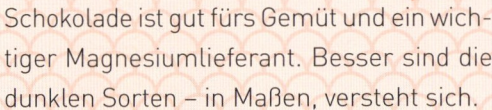

Du willst dich gesund ernähren und schlank bleiben? Dann solltest du auf diese 10 Lebensmittel setzen.

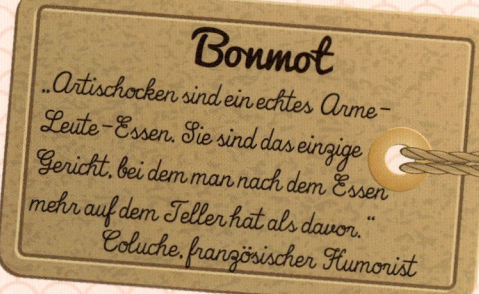

Bonmot

„Artischocken sind ein echtes Arme-Leute-Essen. Sie sind das einzige Gericht, bei dem man nach dem Essen mehr auf dem Teller hat als davor."
Coluche, französischer Humorist

1. Dunkle Schokolade

Schokolade ist gut fürs Gemüt und ein wichtiger Magnesiumlieferant. Besser sind die dunklen Sorten – in Maßen, versteht sich.

2. Vollkornbrot

Vollkornbrot ist dein Freund. Abgepacktes Toastbrot solltest du meiden, es ist voll von Zusatzstoffen.

3. Brokkoli

Eines der hübschesten Lebensmittel überhaupt – also sollte man es auch essen, oder? Das fanden übrigens schon die alten Römer ...

4. Lachs

Enthält eine Menge Vitamin D und B$_{12}$, dazu noch Omega-3-Fettsäuren – und sorgt für eine schön glatte Haut. Am besten: Wild- oder Biolachs!

5. Natives Olivenöl

Einfach super: Als Antioxidans mit vielen ungesättigten Fettsäuren beugt es Herz-Kreislauf-Erkrankungen vor. Und es ist ein Beauty-Verbündeter.

6. Avocado

Noch einmal gutes Fett: mit Kalium, Karotin und den Vitaminen E und B$_9$ (Folsäure).

7. Tomaten

Sind gespickt mit guten Inhaltsstoffen, darunter Antioxidantien und die Vitamine A und C. Am besten mit einem Spritzer Zitrone und etwas Olivenöl genießen!

8. Grüner Tee

Enthält Polyphenole – das sind natürliche Antioxidantien, die helfen, die Zellalterung zu verlangsamen. Gute Angewohnheiten kann man sich nicht früh genug zulegen!

9. Heidelbeeren

Arm an Kalorien, reich an den Vitaminen C und E. Stärkt dein Gehirn bei Nervosität und enthält Antioxidantien.

10. Huhn

Wenn es vom Biobauern kommt, ist es gesünder als rotes Fleisch.

Bist du süchtig nach sozialen Netzwerken?

Du „sharest" in Nullkommanichts, du „likest" bei jeder Gelegenheit und tippst auf dem Smartphone schneller als dein Schatten? Bist du ein „Social-Media-Maniac"?

 1 YouTube ist …
a) eine Plattform, auf der man Videos teilen kann.
b) eine Website mit Downloads.
c) eine Karaoke-Website.

2 Was fällt dir ein, wenn du an Facebook denkst?
a) Mein zweites Zuhause!
b) Dass Anna mich mitleidig belächelt hat, weil ich weniger als 500 Follower habe.
c) Dass persönliche Daten dort nicht sicher sind; deswegen bin ich nicht dabei.

 3 Deine besten Freunde …
a) sind virtuelle.
b) triffst du auf Snapchat.
c) triffst du tagsüber.

 4 Was ist ein „Phablet"?
a) Eine Mischung aus Smartphone und Tablet.
b) Ein Handy mit supergroßem Bildschirm.
c) Hm, schon mal gehört …

5 Dein erster Reflex am Morgen?

a) SMS, E-Mails und deine Pinn-wand auf Facebook checken.
b) Mein Handy einschalten.
c) Rausschauen, wie das Wetter ist.

6 LOL schreibst du, wenn ...

a) etwas lustig ist.
b) etwas lächerlich ist.
c) etwas traurig ist.

7 Was machst du, wenn du jemand Netten kennenlernst?

a) Ich googel ihn oder suche ihn auf Facebook.
b) Ich frage ihn nach seiner E-Mail-Adresse und seiner Handynummer.
c) Ich rede mit ihm über Musik, Filme, Serien, Reisen.

8 Was ist dein Blog für dich?

a) Mein privates Tagebuch, das alle lesen können.
b) Eine Möglichkeit, neue Freunde zu finden.
c) Ich habe keinen.

LOL!

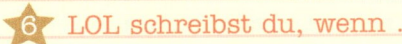

Zähle nach, ob du Antwort a, b oder c am häufigsten hast.

Test-ergebnis

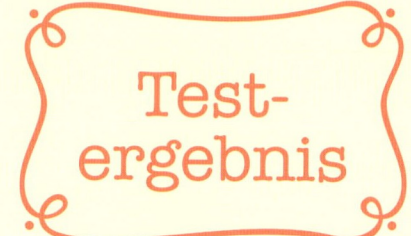

Hauptsächlich **a**

Du bist wirklich süchtig nach sozialen Netzwerken. Zwischen dir und deinen Freunden oder Liebschaften steht der Bildschirm, und du kommunizierst mit der ganzen Welt. Aber Vorsicht: Gespräche und Freundschaften auf Facebook sind vor allem virtuell. Vernachlässige nicht die Menschen, die dich im echten Leben umgeben.

Hauptsächlich **b**

Facebook, MySpace und Twitter gehören zu deinem Alltag, aber du weißt vernünftig damit umzugehen. Um nicht abhängig zu werden, nutzt du die Technologie ganz bewusst und setzt dir dabei Grenzen.

Hauptsächlich **c**

Gegen alles Technische bist du allergisch. Wie wär's, wenn du dich ein bisschen damit anfreundest? Du hast lieber mit „echten" Menschen zu tun als mit virtuellen – aus gutem Grund. Aber pass auf, dass du den Anschluss nicht verpasst: Das Internet bietet auch tolle Kommunikationsmöglichkeiten!

und Tipps Tricks

Wie du deinen eigenen Blog erstellst

1. Überlege dir einen Namen für deinen Blog

Lass dir einen witzigen Namen einfallen, der mit A oder B beginnt; du kannst auch ein Sternchen voranstellen. So bist du in den Blogrolls weit oben gelistet.

2. Suche dir die passende Plattform

Es gibt mehr oder weniger komplizierte Plattformen. Die Plattform „Blogger" von Google ist sehr leicht zu bedienen – einfach den Anweisungen folgen.

3. Gestalte das Layout

Finde einen individuellen Stil für deinen Blog: Typo, Hintergrundfarbe, Sidebar … Aber übertreibe nicht, sonst wird es mühsam für deine zukünftigen Leser. Du kannst auch Buttons einbauen, über die man auf deine Facebook-Seite oder deinen Twitter-Account gelangt.

4. Feile am Inhalt

Schreibe den Blog so, wie du ihn selbst gern lesen würdest. Nimm mit dem Smartphone gute Fotos oder Videos auf; achte auf Perspektive und Hintergrund. Poste regelmäßig zu Themen, die dir wichtig sind; vermeide Rechtschreibfehler, Unwahrheiten und Beleidigendes.

5. Schaff dir deine Community

Überlege dir, was du willst, bevor du die sozialen Netzwerke angehst: Auf Facebook kannst du einen Link zu deinem Blog posten, Instagram ist perfekt für Fotos, Pinterest ist eher für Computerfreaks geeignet.

6. Mach dich bemerkbar!

Es bringt nichts, der gesamten Blogosphäre zu schreiben – so riskierst du nur, auf die „Blacklist" gesetzt zu werden. Auf Foren, die sich mit deinen Lieblingsthemen befassen, findest du Adressen, mit denen du deine Community starten kannst. Mehr Follower kommen dann von allein.

Nützliche Adressen:

www.blogger.com
www.pinterest.com
www.instagram.com

Was für einen Charakter hast du?

sweet!

Bist du superernst oder ein Partygirl, abergläubisch oder radikal optimistisch, häuslich oder immer im Reisefieber – oder vielleicht ein bisschen von allem?

1 Deine Traumferien?

a) Ein Monat Backpacking in Indien mit zwei Freundinnen.
b) Ein Monat Relaxen am weißen Sandstrand auf den Seychellen.
c) Ein Monat in Südfrankreich im Ferienhaus der Familie.

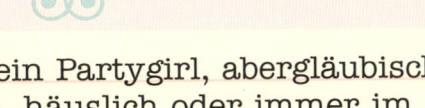

2 Deine Freundin gibt dir die Klamotten, die du ihr geliehen hast, voller Flecken zurück.

a) Du bist wütend – das wird sie büßen!
b) Du machst ein entsetztes Gesicht und erwartest, dass sie sich entschuldigt.
c) Du sagst, das sei nicht schlimm und könne jedem mal passieren.

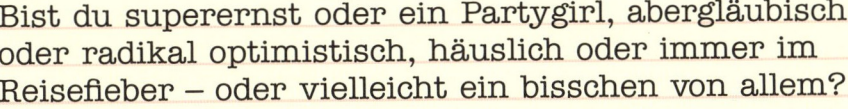

3 Du begegnest auf der Straße Matthias Schweighöfer.

a) Du ziehst dein Smartphone heraus und verewigst die Begegnung mit einem Selfie.
b) Du sagst Hallo und lächelst – mal sehen, ob er nett ist.
c) Du bist so aufgeregt, dass du rot wirst wie eine Tomate.

4 Vor dir läuft eine schwarze Katze unter einer Leiter durch.

a) Du lachst und stellst dir vor, was deine Mutter jetzt für ein Gesicht machen würde.

b) Ohne zu überlegen, wechselst du die Straßenseite.

c) Du denkst, das Schicksal wird dich schon verschonen.

5 Dein Vater will dir einen Fallschirmsprung spendieren.

a) Super, du wolltest immer schon fliegen!

b) Nett von ihm – aber das ist ja hoffentlich ein Tandemsprung?

c) Nein, danke …

6 Vor dir wird eine ältere Person von drei Jungs angerempelt.

a) Du eilst ihr zu Hilfe und schreist die Jungs an.

b) Du zögerst – sie sehen nicht besonders nett aus …

c) Du weichst aus und gehst weiter.

7 Deine Freundin Anna fragt dich um 19 Uhr, ob du gleich auf die Superparty mitkommst, von der sie gerade erfahren hat.

a) Du überlegst nicht lange, lässt deiner Mutter eine Notiz da und machst dich auf den Weg.

b) Du fragst deine Mutter, ob du kurz hindarfst; die Hausaufgaben sind schließlich gemacht.

c) Du sagst ihr, dass es zu spät zum Ausgehen ist und du auch noch Englisch lernen musst.

8 Dein Vater findet, dass du deiner Mutter wie aus dem Gesicht geschnitten bist.

a) Unverschämtheit!

b) Ach ja? Aber ja hoffentlich deutlich jünger!

c) Fein, Mama ist die Schönste!

Zähle nach, ob du Antwort a, b oder c am häufigsten hast.

Test-ergebnis

Hauptsächlich a

Ängstlich bist du wirklich nicht! Du hast einen starken Charakter und weißt genau, was du willst. Du bist immer bereit für neue Abenteuer – langweilen wirst du dich sicher nicht im Leben. Denk nur daran, dich auch ab und zu mal auszuruhen!

Hauptsächlich b

Du bist fröhlich, selbstbewusst und fühlst dich wohl in deiner Haut. Du magst zwischendurch auch gern das Spontane, und wenn du denkst, es lohnt sich, änderst du schon mal deine Gewohnheiten. Anderen gegenüber bist du offen – du hast eine Menge Freunde, die deine Gesellschaft schätzen.

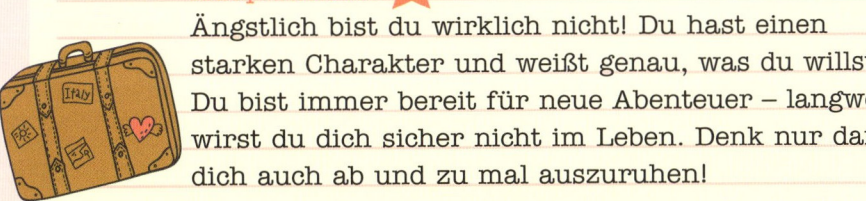

Hauptsächlich c

Du hast nicht sehr viel Selbstvertrauen. Dabei bist du doch intelligent und hast nichts zu befürchten. Komm ein wenig aus deinem Schneckenhaus, tue etwas Unerwartetes, und du wirst sehen: Das Leben hält eine Menge schöne Überraschungen für dich bereit!

Die Kraft des Lachens

LOL!

Weißt du, dass Lachen gut für die Gesundheit ist? Wer sich vor Lachen kringelt, macht sogar eine Art Sport: Eine Minute Lachen entspricht zehn Minuten schnellem Gehen. Lachen ist gut für Verdauung und Herz, mildert Stress, stärkt die Abwehrkräfte und ist auch noch kostenlos... Außerdem gibt es kaum etwas Sympathischeres als ein Mädchen, das lacht. Auf geht's! :-D

Gründe einen Lachclub

Seit ein paar Jahren findet man überall Lachclubs. Trommle deine lustigsten Freundinnen zusammen und schlage ihnen Treffen vor, auf denen ihr gemeinsam aus vollem Herzen lachen könnt. Ihr könnt euch Witze erzählen oder lustige Wortspiele machen - nur verletzend oder unfair gegenüber anderen sollte es nicht zugehen.

So ein Zirkus!

Auch mit Zirkuskunststücken kannst du dein Leben lustiger und lebendiger gestalten: Besuche einen wöchentlichen Kurs während der Schulzeit oder nimm an einem Ferienprogramm teil. Dort lernst du Clownnummern, Jonglieren, Akrobatik und Zauberkunststücke. Eine Zirkusschule in deiner Nähe findest du im Internet.

Bonmot

„Ein Tag, an dem du nicht lachst, ist ein verlorener Tag", sagte der Komiker Charlie Chaplin – und er wusste, wovon er sprach!

Bring dein Zwerchfell auf Trab

Das Internet ist eine wahre Fundgrube; hier findest du haufenweise Seiten mit Witzen und lustigen Videos.

GAG

Warum Schule unnötig ist:
Mathe: Ich habe einen Taschenrechner.
Musik: Es gibt iTunes und YouTube.
Englisch: Es genügt, die Serie Dora und Werbespots anzuschauen.
Französisch/Spanisch/Italienisch:
Es gibt Reverso und Google-Übersetzer.
Erdkunde: Ich habe ein GPS-Gerät.
Sport: Man kann auch Wii spielen.
Geschichte: Sind sowieso alle tot.

Quiz – Girls only

Schönheit, Körperpflege, Kultur, Klamotten, Flirten, Filme – kannst du die folgenden Profi-Fragen beantworten? Denk nicht lange nach, antworte einfach spontan ... Und los geht's!

1. Welches Lebensmittel hat den höchsten Zuckeranteil?

A) 100 g Coca Cola.
B) 100 g Mayonnaise.
C) 100 g Ketchup.

2. Daenerys aus der Serie Game of Thrones ist ...

A) Viseris' Schwester.
B) Viseris' Frau.
C) Viseris' Tochter.

3. Was ist ein Top Coat?

A) Ein Dreiviertel-Mantel.
B) Die obere Schicht vom Ziegenfell.
C) Transparenter Nagellack.

4. Was führte Brigitte Bardot ein?

A) Converse.
B) Kleider von Vichy.
C) Kapuzen-Sweatshirts.

5. Wer hatte 2015 die meisten Fans auf Facebook?

A) Cristiano Ronaldo.
B) Justin Bieber.
C) Barack Obama.

6. Gossip Girl spielt in ...

A) Los Angeles.
B) Las Vegas.
C) New York.

7. Welche Zeitschrift bietet Beauty, Fashion und Gossip?

A) *Neon*.
B) *Mädchen*.
C) *Bravo*.

8. Jemand, der „bombe" ist, ist für dich ...

A) einfach super.
B) aggressiv und aufbrausend.
C) nervig.

9. „Formidable" ist ein Song von …

A) Rihanna.

B) David Guetta.

C) Stromae.

10. Der Panda ist das Wahrzeichen von …

A) WWF.

B) Greenpeace.

C) der Mangafigur Nana.

11. Was ist Ruffian?

A) Ein Tanz aus Jamaika.

B) Eine Punkfrisur.

C) Ein Manikürestil.

12. Im Disney-Film Dornröschen heißt die böse Fee …

A) Karabossa.

B) Malefiz.

C) Cruella.

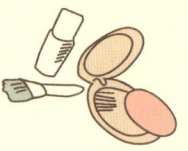

13. Jack Sparrow aus Fluch der Karibik wird gespielt von …

A) George Clooney.

B) Ryan Gosling.

C) Johnny Depp.

14. Ein „French Kiss" ist …

A) ein Kuss auf die Stirn.

B) ein Zungenkuss.

C) ein heimlicher Kuss.

15. Was ist Gleichstellung?

A) Gleiche Behandlung von Männern und Frauen.

B) Die perfekte Ähnlichkeit.

C) Eine Yogaübung.

Meine *Tests,* meine *Tipps* und *Tricks*

MEMO

Den Tests zufolge bin ich:

· ....
· ....
· ....
· ....
· ....
· ....
· ....

Tipps und Tricks, die ich unbedingt umsetzen will:

_____
_____
_____
_____

Meine Vorsätze für dieses Jahr:

· ....
· ....
· ....
· ....
· ....

Meine Geheimnisse

Geheimnisse

MEINE GEHEIMNISSE

Von Freundschaft und der ersten Liebe

über körperliche Veränderungen (Pubertät, Komplexe etc.)

und deinen Look (Tattoos, Piercings etc.)

bis hin zu dem, worauf du Lust hast (Urlaub mit Freunden,

ein Haustier, soziales Engagement etc.), und

den Dingen deines täglichen Lebens (Familie, Schule,

Taschengeld etc.) – hier findest du alles Wichtige

über die Themen, die dich beschäftigen.

GROSSE GEFÜHLE

Liebe und Freundschaft sind eine wunderschöne Erfahrung. Solche starken Gefühle entwickeln sich in der Jugend. Mach dich auf den Weg und finde das Glück!

Freunde – für eine Weile oder für immer

Du hast eine enge Freundin, mit der du sehr viel Zeit verbringst, und Hunderte Freunde, mit denen du auf Facebook in Kontakt bist: Freundschaft bedeutet nicht immer dasselbe, so viel ist dir klar. Es ist schön, wenn du das Gefühl hast, die Freunde deiner Freunde sind auch deine Freunde; trotzdem lassen sich Freundschaften über soziale Netzwerke, auch wenn sie dich viel Zeit kosten, nicht vergleichen mit einer Freundin, die du persönlich triffst – einer Vertrauten, der du deine kleinen Geheimnisse erzählen kannst, ohne befürchten zu müssen, dass im nächsten Moment auch der Rest der Welt darüber Bescheid weiß. Wenn du das

> „Freunde sind die Familie, die wir uns selbst aussuchen."
> Edna Buchanan

Bedürfnis nach etwas Abstand zu deinen Eltern verspürst, kann dir deine beste Freundin Wärme und Geborgenheit geben. Jede Freundschaft ist einzigartig. Manche können sehr eng sein und trotzdem irgendwann enden. Andere Freundschaften halten das ganze Leben!

Freundschaft zwischen Jungs und Mädchen

In deinem Alter ist eine Freundschaft zwischen Jungs und Mädchen nicht selbstverständlich. Warum eigentlich nicht? Weil die Pubertät bei Jungs später einsetzt, entwickeln sich Jungs und Mädchen unterschiedlich schnell. Vielleicht findest du gleichaltrige Jungs auch ein bisschen kindisch mit ihren Fistelstimmen und dem ordinären Lachen. Dabei ist ein männlicher Freund Gold wert – und etwas ganz anderes als deine Beziehung zu deinem Vater. Ein Verhältnis auf gleicher Augenhöhe zu einem Jungen in deinem Alter ist eine gute Übung – bevor du der Liebe begegnest!

Die erste Liebe

Plötzlich denkst du nur noch an ihn. Du findest ihn so toll und willst die ganze Zeit mit ihm zusammen sein. Wenn du ihn auf dem Schulhof siehst, schlägt dein Herz bis zum Hals, und wenn er dich anspricht, wirst du feuerrot. Zu Hause wundert sich deine Mutter, dass du kaum Appetit hast … Kein Zweifel: Du zeigst alle Symptome eines verliebten Mädchens! Die große Anziehungskraft, die du spürst, wird vielleicht zu einem beständigeren Gefühl. Und du beginnst, von der großen Liebe zu träumen. Zu Recht: Denn die Liebe ist das Salz des Lebens.

UNSER BLAUER PLANET

Bestimmt hast du aus den Medien schon viel von der Umweltzerstörung auf unserem Planeten gehört: Ob Klimawandel, Artensterben oder Energieverschwendung – die Nachrichten sind alarmierend. Vielleicht denkst du, die Probleme der Welt sind eine Nummer zu groß für dich, und du kannst sowieso nichts dagegen tun. Der Schutz unserer Gesundheit und der Umwelt hängt aber von jedem Einzelnen ab und davon, ob wir in der Lage sind, unsere Konsumgewohnheiten zu ändern.

Was du tun kannst

Strom

Der Strom, den du verbrauchst, kommt immer noch zum Großteil aus Kohle- oder Atomkraftwerken, und die Stromrechnung deiner Eltern wird jedes Jahr höher. Wenn du etwa das Licht ausmachst, sobald du aus dem Zimmer gehst, spart das Strom. Auch deinen Rechner oder die PlayStation kannst du ausschalten, wenn du sie nicht benutzt, statt sie auf Standby zu lassen.

> „Lebt einfach, damit andere einfach nur leben können."
> Mahatma Gandhi

Wasser

Dreh den Wasserhahn ab, während du dir die Zähne putzt – das spart bis zu 15 Liter Wasser pro Minute! Gleiches gilt für den Abwasch: Lass das Spülbecken volllaufen, anstatt das Geschirr unter fließendem Wasser zu säubern. Zum Klarspülen lässt du dann frisches Wasser einlaufen.

Plastik

Plastiktüten sind eine echte Plage für die Umwelt. Im Meer findet man sie sogar im Magen von verendeten Delfinen und Schildkröten. Dabei ist es so einfach, immer einen Stoffbeutel in der Tasche zu haben und beim Shoppen oder beim Lebensmittelkauf auf Plastiktüten zu verzichten.

Mülltrennung

Wenn du weißt, dass man aus 27 Plastikflaschen eine Fleecejacke herstellen kann, dann verstehst du auch, wie wichtig es ist, Müll zu trennen. Papier kann bis zu siebenmal recycelt werden, Glas sogar unendlich häufig ohne Qualitätsverlust. Quellen: www.feelgreen.de/pet-recycling-fleece-pullover-und-ski-jacken-aus-plastikflaschen/id_51351822/index; www.recycling-fuer-deutschland.de/web/recycling/dl=effekte

Königin des Recyclings

Extratipp: Durch dein Einkaufsverhalten kannst du mithelfen, dass weniger verschwendet wird. Mach deinen Freundinnen klar, wie altmodisch es ist, jedes Jahr sein Smartphone gegen das neueste Modell einzutauschen. Alte Handys wiederzuverwenden, ist voll im Trend! Wer clever ist, kauft und verkauft auf einem der vielen Internetportale ungefähr zum halben Preis ein gebrauchtes Handy oder Tablet – und zwar mit Garantie.

(Zu finden etwa unter www.buyzoxs.de und asgoodasnew.com/collections/smartphones-handys)

SCHLUSS MIT KOMPLEXEN!

Du findest dich zu dick, zu dünn, zu groß oder hast Pickel? Du magst deine Ohren nicht oder deine Nase, du findest deine Füße zu groß oder deine Brüste zu klein? Es gibt unzählige Gründe, Komplexe zu entwickeln. Das „perfekte Mädchen" gibt es aber gar nicht – auch wenn dich manche Zeitschriften und Fernsehsendungen vom Gegenteil überzeugen wollen!

Warum du Komplexe hast ...

In deinem Alter verändert sich der Körper rasant. Du wirst größer, du nimmst zu, und durch die Pubertät werden Po und Brüste rundlicher. Bei all den unkontrollierten Veränderungen kann man sich schon mal auf ein bestimmtes Körperteil einschießen.

... und wie du sie los wirst

Auch wenn es leichter gesagt ist, als getan: Du musst lernen, Selbstvertrauen zu haben! Du bist nicht das einzige Mädchen mit Komplexen. Außerdem nehmen andere deine kleinen körperlichen Unvollkommen-heiten meist gar nicht wahr – und wenn sie dir selbst noch so gigantisch vorkommen. Schau dich um und setze auf Tarnung: Wer eher etwas rundlich ist, sollte hautenge T-Shirts und Slim Jeans vermeiden, wer flacher gebaut ist, setzt auf Push-up-BHs, und Segelohren lassen sich unter dem passenden Haarschnitt verstecken.

Lerne zu akzeptieren

Das Wichtigste aber ist: Lerne, dich als die Person anzunehmen, die du bist, mit all deinen Fehlern. Das können auch nicht körperliche sein: Du bist schüchtern oder wirst bei jeder Gelegenheit rot? Es fällt dir schwer, vor anderen die richtigen Worte zu finden, es mangelt dir an Schlagfertigkeit? Denk positiv: Wenigstens bist du keine Plappertasche! Und ein Mädchen, das errötet, wirkt oft sympathischer als eines, das immer auf alles eine Antwort weiß.

Nützliche Tipps für Superschüchterne

- Sprich viel mit deiner Familie, ergreife das Wort.
- Geh zu Hause häufig ans Telefon.
- Zwing dich, mindestens einmal täglich die Frage eines Lehrers zu beantworten.
- Mache vor mündlichen Prüfungen Atemübungen.

Ich bin schüchtern, aber ich arbeite dran

Es gibt auch berühmte Persönlichkeiten, die schüchtern sind oder waren: George VI. – König von England und der Vater von Elisabeth II. – stotterte, sobald er den Mund aufmachte. Der Film *The King's Speech* mit Colin Firth und Helena Bonham-Carter erzählt, wie der König mithilfe eines Spezialisten sein Handicap überwinden konnte.

INTERNET, SOZIALE NETZWERKE UND ICH

Du hast das Glück, mit Internet aufzuwachsen: Egal, wo du dich auf der Welt befindest, dir stehen unerschöpfliche Informationsquellen und gigantische Shopping- und Unterhaltungsmöglichkeiten zur Verfügung. Aber pass auf dich auf: Es gibt ein paar Fallen, die du kennen solltest.

Mit der ganzen Welt kommunizieren

Du warst noch nie in Südafrika? Kein Problem: Du brauchst nur ein bisschen in einer der zahlreichen Suchmaschinen zu recherchieren, und schon weißt du zehnmal mehr über das Land, als wenn du einen Monat dort gewesen wärst. Du willst dir den letzten Hit deiner Lieblingsband anhören oder die neueste Staffel deiner Lieblingsserie schauen? Ein kurzer Besuch auf den entsprechenden Seiten, und die Sache geht klar. Oder du erstellst deine eigene Seite in einem der sozialen Netzwerke und befüllst sie regelmäßig.

Informationen prüfen

Wenn du für deine Hausaufgaben im Netz recherchierst, solltest du die Seiten, auf denen du dich informierst, sorgfältig auswählen. Bevorzuge immer

Websites, die zu Institutionen gehören: Ihre Informationen sind geprüft und somit relativ sicher. Nutze aber auch andere Quellen und schau dich in Multimedia- oder in Schulbibliotheken um.

Freundschaften im Netz

Über soziale Netzwerke wie Facebook kannst du eine Menge neue Freunde gewinnen. Ganz schön praktisch, vor allem, wenn du eher schüchtern bist. Aber gib nicht zu viel auf diese virtuellen Freundschaften: Sie können echte Freunde aus Fleisch und Blut nicht ersetzen.

Wie die sozialen Netzwerke entstanden sind

Der Film *The Social Network* erzählt, wie Mark Zuckerberg als junger Harvard-Student im Jahr 2004 Facebook gründete. Seine Erfindung verbreitete sich wie ein Lauffeuer – erst an den amerikanischen Unis, dann auf der ganzen Welt.

Schütze deine Privatsphäre

• Gib niemals im Internet deinen vollen Namen, deine Adresse oder deine Telefonnummer an. Das Internet ist ein öffentlicher Raum – jeder hat Zugang zu den Informationen, auch Hacker.

• Virusalarm! Drei Milliarden Viren infizieren jedes Jahr Computer auf der ganzen Welt – von Cyberangriffen auf Smartphones ganz zu schweigen.

• Wähle ein schwer zu knackendes Passwort – am besten keines, das so im Duden steht, auch nicht den Namen deiner Katze; all das findet Spyware nämlich blitzschnell heraus. Wie sicher dein Passwort ist, kannst du hier testen: howsecureismypassword.net.

PUBERTÄT – WAS WAR DAS NOCH MAL?

„Die Pubertät setzt dann ein, wenn die Eltern schwierig werden."
(Michael Marie Jung, deutscher Hochschullehrer)

Die Pubertät bei Mädchen

Bei den Mädchen beginnt die Pubertät durchschnittlich mit elf bis zwölf Jahren. Innerhalb weniger Jahre verändern sich dein Körper, dein Hormonhaushalt und dein Intellekt mit rasender Geschwindigkeit. Diese persönlichen Veränderungen sind nicht immer leicht zu ertragen, aber unerlässlich für deine Entwicklung.

Körperliche Anzeichen

• Dein Po und deine Hüften werden rundlicher. Das liegt an den Östrogenen, den weiblichen Hormonen, die Fettansammlungen begünstigen.
• Dein Brüste werden größer. Ist dir das unangenehm? Du wirst dich daran gewöhnen – und wirst bald feststellen, dass deine Oberweite die Jungs nicht kaltlässt.
• Deine Körperhaare wachsen, vor allem im Schambereich und unter den Armen. Du kannst dir von deiner Mutter ein elektrisches Epiliergerät spendieren lassen oder einen Besuch bei der Kosmetikerin; beides ist weniger aggressiv als eine Rasur.
• Du schwitzt an Händen und Füßen, unter den Armen, auf der Stirn … Das hat nichts mit mangelnder Hygiene zu tun.

Dusche täglich, zieh lieber Sachen aus Baumwolle als aus Kunstfasern an, und nimm für alle Fälle immer ein alkohol- und parfümfreies Deo mit.

• Deine Geschlechtsreife naht, und eines Tages hast du deine erste Regelblutung. Die Blutung tritt etwa alle 28 Tage auf, kann manchmal etwas schmerzhaft sein und dauert zwei bis acht Tage. Jetzt ist es an der Zeit, einen Frauenarzt aufzusuchen. Am besten bittest du deine Mutter, dich beim ersten Mal zu begleiten.

• Du bekommst Aknepickel im Gesicht, oft vor oder während der Regel. Auch für die Überproduktion von Talg (einer Art Fett) sind die Hormone verantwortlich – aber dagegen gibt es gute Cremes.

Was tun?

Und wenn du alles, was dich gerade ein bisschen durcheinanderbringt, einfach mal vergisst und das Leben genießt? Es gibt so viele schöne Momente jeden Tag: der verliebte Blick eines Jungen, der Einkaufsbummel mit deiner bes-

ten Freundin, der Gymnastikkurs, der sich auf deine Figur auswirkt, das Lachen mit den Freundinnen, das ausgelassene Tanzen für dich allein – und da sind die Familienurlaube und die Ferienflirts noch nicht mal dabei ...

Auch Jungs erwischt es!

Bei den Jungs setzt die Pubertät zwar später ein, dafür aber umso heftiger. Innerhalb von zwei bis drei Jahren machen sie radikale Veränderungen durch: Penis und Hoden werden größer, der Körper behaarter, und manchmal wachsen sie innerhalb weniger Monate um 10 bis 20 Zentimeter.

DEN EIGENEN LOOK PFLEGEN

Jeden Morgen einen neuen Look wählen, nach Lust und Laune in eine andere Haut schlüpfen, das Aussehen an eine Gruppe anpassen, sich schön und angesagt fühlen – die Mode macht's möglich!
Dein Leben lang wirst du dich immer wieder anders kleiden – je nach deinem Alter, deinen Interessen, dem Beruf, den du einmal ausübst …

Verschiedene Geschmäcker

„Die" Mode gibt es nicht – vielmehr existieren unzählige verschiedene Stile: Retro, Girly, Hippie, Gothic, Hipster – du hast die Qual der Wahl. Jeder Stil steht für ein Lebensgefühl; aber wie soll man sich da zurechtfinden? Das Wichtigste ist, dass du im Lauf der Zeit deinen eigenen Stil findest, in dem du dich wohlfühlst; klar kannst du auch mehrere Stile kombinieren, je nachdem, was du ausdrücken möchtest.

Das Passende aussuchen

Mit ein paar Freundinnen die neuesten Modemagazine durchzublättern, ist super – aber für den Schulalltag ist das komplette Fashionista-Sortiment eher weniger geeignet. Außerdem steht nicht jedem alles; manche Farben sehen an dir sicher besser aus als andere.

Der Marken-Hype

Die Marketingabteilungen der großen Labels geben viel Geld aus, um zu erfahren, was Jugendlichen gefällt – und um sie dazu zu bringen, teure Kleider zu kaufen. Setze lieber auf Originalität, statt bei dem sündhaft teuren Sweatshirt schwach zu werden, das die ganze Klasse trägt. Es gibt eine Menge kleiner Läden mit ganz unterschiedlichen Marken oder Kaufhäuser, die gute Sachen zu annehmbaren Preisen verkaufen.

Tipps

• Lass dich von den Seiten mit preiswerten Modetipps in den Zeitschriften inspirieren. Die Stücke sind von Fashion-Profis zusammengestellt, die die „Must-haves" der Saison aufspüren.
• Denk an die Accessoires: Ein Paar Schuhe, ein Halstuch oder ein Armband können deinen Look total verändern.

Die andere Seite

Du stehst auf Markenklamotten. Aber weißt du auch, unter welchen Bedingungen sie hergestellt werden? Beim Einsturz einer Fabrik starben am 24. April 2013 in Dhaka in Bangladesch 1133 Arbeiter. Sie hatten dort unter unwürdigsten Bedingungen Kleider unter anderem für große deutsche und amerikanische Marken hergestellt. Im Gedenken an die Katastrophe ruft die Bewegung „Fashion Revolution Day" jedes Jahr am 24. April dazu auf, Kleider verkehrt herum zu tragen, ein Selfie zu machen und es unter dem Hashtag *insideout* in den sozialen Netzwerken zu posten.

SCHMETTERLINGE IM BAUCH

Du stehst auf einen Jungen? Und du würdest ihm das gern zu verstehen geben, weißt aber nicht, wie?

> „Wenn er mich in die Arme nimmt, er ganz leise zu mir spricht, seh' ich das Leben in Rosarot."
> Édith Piaf

Erste Signale senden

Nähere dich ihm vorsichtig, versuche, Zugang zu seinem Freundeskreis zu bekommen. So lernst du ihn besser kennen und erfährst, was ihn interessiert. Ist der Kontakt mal da, schlage vor, zu mehreren auszugehen – und dann zu zweit. Wie reagiert er? Lächelt er dich häufig an, schaut er oft zu dir hin? Dann stehen die Chancen gut. Reagiert er nicht auf deine Versuche? Halte nicht an ihm fest – er ist offenbar nicht der Richtige.

Flirten

Er will mit dir weggehen? Lass dir auch jetzt Zeit. Nichts zwingt dich dazu, schon beim ersten Treffen mit ihm zu flirten. Selbst wenn du verliebt bist – überlege dir gut, wann der richtige Moment da ist. Wer flirtet, signalisiert dem anderen, dass er ihn liebt – genau wie mit dem ersten Kuss. Dieser Moment kann sehr eindrücklich sein. Und er ist einzigartig, du wirst dich dein Leben lang daran erinnern; verschenke ihn also nicht.

I LOVE YOU

Die Liebe in Zahlen

2009 hatten laut der Studie Jugendsexualität der BfgA* 66 Prozent der Mädchen und 65 Prozent der Jungs in Deutschland im Alter von 17 Jahren bereits sexuelle Erfahrungen. Mehr als ein Drittel wartete dagegen lieber etwas länger auf den besonderen Moment.

*Bundeszentrale für gesundheitliche Aufklärung

LOVE

Schwangerschaft, Geschlechtskrankheiten, Aids

Jemanden zu lieben heißt auch, ihn und sich selbst zu schützen. Wenn du irgendwann bereit bist, mit deinem Freund intim zu werden, kaufe mehrere Kondome (die bekommst du überall, etwa im Drogeriemarkt oder in der Apotheke). So bist du im entscheidenden Moment ausgerüstet – auch für den Fall, dass er nicht daran gedacht hat.

Nützliche Adresse:

• pro familia

Wenn du Fragen zur Empfängnisverhütung hast oder einen Frauenarzt in deiner Nähe suchst, bist du hier genau richtig. Die Dienstleistung ist anonym und kostenlos. Du kannst dich auch online beraten lassen.
http://www.profamilia.de/jugendliche.html

MEIN KÖRPER GEHÖRT MIR

Dein Körper gehört nur dir, so viel ist klar. Du solltest ihn pflegen und verwöhnen, allerdings ohne dich zu seinem Sklaven zu machen. Niemand darf ihn benutzen oder misshandeln.

Kleine Grundregeln

Du und nur du bist Eigentümerin deines Körpers. Ihn zu pflegen heißt zunächst einmal, ausreichend zu schlafen, dich ausgewogen zu ernähren und regelmäßig Sport zu treiben, um fit zu bleiben.

Piercings und Tattoos: Zeichen fürs Leben

Zeichen auf dem Körper wie Tätowierungen und Piercings haben lange Zeit die Zugehörigkeit zu einer bestimmten Gruppe markiert. Heutzutage geht es dabei eher um Individualität. Du bist gerade in einer Lebensphase, in der sich alles sehr schnell verändert. Vielleicht hast du Lust, diese Veränderungen mit einem Symbol zu „markieren" und dich so als eigenständige Person zu behaupten. Überlege dir diese Entscheidung aber gut – sie hat nämlich langfristige Konsequenzen ...

sind verboten. Unter 16-Jährigen wird von Piercings kategorisch abgeraten, weil sie sich noch im Wachstum befinden.

Henna-Tattoos

Henna ist ein pflanzliches Pulver, das Gelb oder Rot färbt. In vielen Ländern werden traditionelle Henna-Tattoos aus religiösen oder ästhetischen Gründen angebracht. Der Vorteil: Die Tattoos halten nicht für immer; schon nach wenigen Tagen verblassen sie. Tätowierer, die mit schwarzem Henna arbeiten, sieht man inzwischen oft, vor allem im Sommer in touristischen Gegenden. Sie haben hübsche Motive im Angebot, die ein paar Wochen halten. Aber auch das ist nicht ungefährlich: Die Farbe kann schlimme Allergien auslösen.

Welche Konsequenzen?

Mach dir klar, dass du ein Tattoo das ganze Leben lang hast! Mit 30 kannst du vielleicht das kleine Herz, das du jetzt „soo süß" findest, schon längst nicht mehr sehen? Ebenso das „F*** life", das genau deine – momentane – Stimmung ausdrückt? Werden deine zukünftigen Arbeitgeber dein Tattoo ohne Weiteres akzeptieren? Ein Piercing ist zwar leicht zu entfernen, aber nicht ohne Risiko: Häufig treten Infektionen oder Allergien auf. Die Wundheilung kann lange dauern, von sechs Wochen beim Ohrläppchen bis zu neun Monaten beim Bauchnabel! In dieser Zeit muss die Wunde regelmäßig desinfiziert werden, Sonnenbaden und Schwimmen im Meer

Piercing in Zahlen
Schätzungsweise haben 15 bis 25 Prozent aller Schülerinnen und Schüler in den USA ein Piercing.

MEIN SCHULALLTAG

Nach der Grundschule eröffnet sich dir eine völlig neue Welt: andere Lehrer und Arbeitsmethoden, der Tag ist nach Unterrichtsfächern aufgeteilt. In der Schule wird man jetzt auch zum Staatsbürger ausgebildet und lernt Respekt vor Menschen, Regeln und der Umwelt.

Was erst neu ist, wird bald Alltag

An der weiterführenden Schule musst du häufig das Klassenzimmer und den Lehrer wechseln. Im Lauf der Zeit wirst du merken, dass das auch Vorteile haben kann: Der Mathelehrer ist vielleicht supernett, die Englischlehrerin allerdings eine echte Giftschlange ...
Sei aber nicht zu streng: Deine Lehrer sind auch nur Erwachsene, die ihren Beruf so gut wie möglich ausüben. Sie erwarten von dir, dass du sie respektierst, dass du sie schätzt oder eben nicht und dass auch du deine Arbeit machst.

„In die Schule zu gehen, ist absolut notwendig: Nur so lernt man völlig unnütze Dinge."
Edgar Watson Howe

Klassensprecherin werden

Zu Beginn des Schuljahrs wählt jede Klasse zwei Klassensprecher(innen). Sie vertreten die Klasse gegenüber den Lehrern und den anderen Erwachsenen der Schule und nehmen auch an wichtigen Versammlungen und Konferenzen teil.
Das ist eine spannende Aufgabe – auch, weil du so dein Verhandlungsgeschick und dein Auftreten trainieren kannst. Zudem bekommst du besser mit, was an deiner Schule los ist und wie alles abläuft.

Erpresser

Eine Plage an vielen Schulen sind jugendliche Banden, häufig etwas älter als du, die dich auf dem Nachhauseweg aufhalten und dir dein Taschengeld abnehmen wollen.

Wenn du Opfer von solchen Erpressern bist, gibt es nur eines: Sprich sofort mit deinen Eltern! Da du minderjährig bist, können nur sie Anzeige bei der Polizei erstatten.

Bildung in Zahlen

2014 hatten 33,8 % der Deutschen einen Hauptschulabschluss, 6,9 % einen Abschluss der POS, 22,7 % Mittlere Reife und 28,8 % Fachhochschul- oder Hochschulreife.

Der Quali, der erste Abschluss

In einigen Bundesländern hast du die Option, nach der 9. Klasse den „Qualifizierenden Hauptschulabschluss" zu machen. Das ist der frühestmögliche bundesweit anerkannte Schulabschluss. Im Anschluss oder stattdessen kannst du die Mittlere Reife ablegen, das Fachabi oder das Allgemeine Abitur. Es ist etwas stressig, während des Schuljahrs zusätzlich zu den Hausaufgaben Mathe, Deutsch oder Englisch zu pauken. Aber das ist eine gute Vorbereitung für alle weiteren Prüfungen.

MEINE FAMILIE UND ICH

Das Verhältnis zu deinen Eltern ist nicht immer einfach? In deinem Alter wird der Wunsch nach Unabhängigkeit allmählich größer. Trotzdem weißt du tief in deinem Inneren, dass du die Aufmerksamkeit deiner Eltern noch immer brauchst.

Mutter-Tochter-Beziehung, eine heikle Sache!

Die Verbindung zwischen Mutter und Tochter ist eine ganz besondere. Jede Mutter, die ihre Tochter heranwachsen sieht, neigt dazu, auf die Tochter das zu projizieren, was sie selbst gern erreicht hätte. Dabei willst du, als fast (noch nicht ganz) Erwachsene, doch das Leben schon selbst entdecken ...

„Andere Familien sind meistens amüsant. Das Problem ist die eigene Familie."
Judith Messier,
kanadische Schriftstellerin

Versuche, eure Beziehung weiterzuentwickeln. Wenn das nicht klappt und dich deine Mutter einfach zu sehr nervt, dann denk daran, dass sie immer für dich da sein wird – um die schönen Momente, aber auch den Kummer mit dir zu teilen. Denn so sind Mütter ...

Vater-Tochter-Beziehung „My heart belongs to daddy"*!

Was dein Vater über dich denkt und wie er dich sieht, ist dir wichtig. Du fängst aber auch an, der väterlichen Autorität zu widersprechen – und das gefällt ihm gar nicht! Oft hast du den Eindruck, dass er dich nicht mehr versteht.

Mach dir klar, dass dein Vater nicht weiß, wie er sich der Frau gegenüber verhalten soll, zu der du gerade heranwächst. Vielleicht musst auch du den ersten Schritt tun: Wenn du dich für ihn interessierst, werdet ihr wieder zueinanderfinden, vertraut wie eh und je.

*„Mein Herz gehört Papa", sang schon Marylin Monroe 1960.

Patchwork-Familien

Heute besteht eine Familie nicht mehr unbedingt aus Vater, Mutter, Kind. Julia ist 14. Sie lebt mit ihrer Mutter und ihrem Stiefvater zusammen, der zwei Söhne aus erster Ehe hat. Ihre beiden Halbbrüder wohnen die Hälfte der Zeit auch da, ihr „echter" großer Bruder lebt bei seinem Vater und dessen neuer Freundin. Zu Familienfeiern und in den Ferien kommen alle zusammen, mal bei den einen, mal bei den anderen. Julia ist, vielleicht wie du, keine Ausnahme.

Man geht davon aus, dass in Deutschland heute etwa jede zehnte Familie eine Patchwork-Familie ist.* Das heißt, Vater oder Mutter lebt mit dem neuen Partner zusammen, der oft eigene Kinder mitbringt. Viele Kinder wachsen auch mit einem alleinerziehenden Elternteil auf. In gut 75 % der Familien leben die Kinder bei beiden Eltern.

* Bundesministerium für Familie, Senioren, Frauen und Jugend

ICH WILL EIN HAUSTIER

Ist das süß, das kleine Fellknäuel! Du musst es einfach im Arm halten und mit nach Hause nehmen! Nur: Die Anschaffung eines Haustiers ist eine ernste Sache, die gut überlegt sein will – und darüber solltest du dir im Klaren sein.

Eine Verpflichtung

Mietze, Fifi oder einen Fisch namens Wanda aufzunehmen, bedeutet, dass du etwa für die nächsten 15 Jahre die Verantwortung für ein Lebewesen übernimmst – ein Tier ist kein Spielzeug und auch kein Kuscheltier! Es ist auf dich angewiesen, genau wie ein Baby auf seine Mutter. Wenn du ihm ein stabiles, angenehmes Zuhause bietest, wird es dir viel Zuneigung schenken.

Eine bereichernde Beziehung

Natürlich ist es großartig, ein Haustier zu Hause zu haben. Du bist nie mehr allein, nicht mal, wenn du dich mit deiner besten Freundin zerstritten hast. Du kannst Zeit mit ihm verbringen und ihm alles erzählen.

Mit einem Hund kannst du spazierengehen und dich an eine Katze ankuscheln und sie streicheln. Einem Fisch kannst du zusehen, wie er seine Kreise zieht. Ein Haustier ist ein enger Vertrauter, der dich nie hintergehen wird.

sweet!

erst lernen, mit ihm zu kommunizieren und zusammenzuleben. Jedes Tier hat seinen eigenen Charakter, den es zu entdecken gilt. Zudem musst du regelmäßig zum Tierarzt, dich um Impfungen und Kennzeichnung und – mit der Hilfe deiner Eltern – um die Versorgung im Urlaub kümmern.

Ein Tier aus dem Tierheim

Tierhandlungen, in denen Tiere wie Waren verkauft werden, solltest du meiden. Beim Deutschen Tierschutzbund e. V.* und der Organisation Tierheimhelden** findest du unzählige Tiere, denen du ein neues Zuhause geben kannst. Manche wurden misshandelt, andere einfach vor dem Urlaub weggegeben. Frage unbedingt nach Geschichte und Charakter der Tiere. Auch mit einem Tierarzt kannst du sprechen.

*www.tierschutzbund.de
**www.tierheimhelden.de

Die richtige Wahl treffen

Bevor du dich für ein Haustier entscheidest, solltest du dir ein paar Fragen stellen: Ist dir ein unabhängiger Begleiter wie eine Katze lieber oder ein anhänglicher Freund wie ein Hund? Fällt die Wahl auf einen Fisch, sollte er einen Gefährten bekommen, damit er sich nicht langweilt. Und das Aquarium darf nicht zu klein sein – der Fisch will sich genauso austoben können wie du.

Jeder ist anders

Wenn das Tier bei dir zu Hause angekommen ist, braucht es ein paar Tage zum Eingewöhnen. Hab Geduld: Du musst

BFs 4 ever

FREUNDE, FREUNDINNEN, DIE CLIQUE

„Ein Freund, ein guter Freund", sang vor langer Zeit schon Heinz Rühmann. Und wenn du Harry Potter nach seiner Meinung fragen würdest, würde er wohl auch sagen: „Gemeinsam sind wir stark." Deine Clique bietet dir perfekten Schutz vor der Härte der Welt um dich herum.

Einer für alle, alle für einen

Du verbringst die meiste Zeit mit ihr: der lustigen Bande, die nach Schulschluss zusammenkommt. Jungs sind ebenso dabei wie Mädchen, niemand wird diskriminiert. In der Clique fühlst du dich sicher und kannst du selbst sein.

Wenn dir etwas nicht gefällt, fühle dich nicht gezwungen, mitzumachen, weil du Angst hast, ausgeschlossen zu werden.

Bewahre dir deinen freien Willen

Deine „Bande" wird immer wichtiger, bis du dir gar nicht mehr vorstellen kannst, ohne sie zu sein. Lass aber deine Sandkastenfreundin, der du immer alles erzählen konntest, deshalb nicht links liegen. Und nimm nicht kritiklos alles an, was die Clique sagt.

Eine eigene Sprache

Deine Kumpel und du, ihr habt eine eigene, kodierte Sprache, die Erwachsene manchmal nur schwer verstehen. Aber weißt du eigentlich, woher die Ausdrücke kommen?

- **HDGDL**

HDGDL steht für „hab dich ganz doll lieb" und wird vor allem unter Freundinnen verwendet.

- **Die BFF**

BFF ist die Abkürzung für *Best Friend Forever* – die BFF ist deine allerbeste Freundin!

- **„Ich hab keinen Bock"**

Der „Bock" steht für die Lust und kommt ursprünglich aus dem Tierreich. „Ich hab keinen Bock" heißt also einfach: „Ich hab keine Lust"; vielleicht sogar gar keine: „Null Bock".

- **„Das ist cool"**

Cool kommt aus dem Englischen und heißt eigentlich „kühl". Manchmal wird es auch im Zusammenhang von „gelassen sein", „einen kühlen Kopf bewahren" verwendet. Ganz allgemein bedeutet es aber etwas Positives: „gut", „schön", „erfreulich".

Serienecke

In vielen populären TV-Serien spielen Freundschaften eine große Rolle – dazu gehören auch die folgenden drei:

- **Pretty Little Liars**

Ein Jahr nachdem Alison, der Star der Schule, verschwunden ist, erhalten ihre vier besten Freundinnen rätselhafte anonyme Nachrichten – der Absender kennt all ihre Geheimnisse ...

- **Awkward –**
Mein sogenanntes Leben

Jenna Hamilton ist 15. Durch ein Missverständnis erlangt sie in der Schule Berühmtheit: Ihre Mitschüler glauben, dass sie versucht hat, sich das Leben zu nehmen ...

- **Gossip Girl**

Der Alltag der Schüler zweier New Yorker Privatschulen wird mit Ironie erzählt von einer geheimnisvollen Bloggerin, die sich Gossip Girl nennt ...

HURRA, ENDLICH FERIEN!

Nach einem randvollen Schuljahr kannst du in den Sommerferien entspannen und dem süßen Nichtstun frönen – oder aber endlich Zeit haben für deinen Lieblingssport, zum Reisen oder um neue Leute kennenzulernen ...

Welcher Urlaub ist der richtige für mich?

Das ganze Jahr hast du darauf hingefiebert – und wenn es endlich losgehen soll, bist du plötzlich unsicher: Deine Cousins im Ferienhaus wiederzutreffen und zusammen Spaß haben, wäre toll. Mit deinen Eltern und Geschwistern wegzufahren – hm, schon weniger ... Vielleicht solltest du auch noch was für die Schule machen – gar nicht reizvoll.

Die Lösung ist einfach: Organisiere viele schöne Momente, an denen du ausspannen und eine gute Zeit haben kannst. Sprich mit deinen Eltern darüber: ein bisschen Zeit mit ihnen verbringen, ein Aufenthalt in einem Ferienlager oder im Ausland, zwei Wochen mit der Familie deiner Freundin wegfahren, ein kleiner Ferienjob ... Verschiedene Dinge zu unternehmen, ist oft am besten.

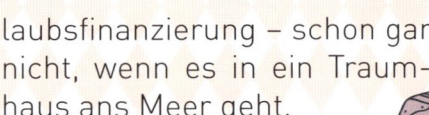

Vorausdenken

Am besten kümmerst du dich nicht erst in letzter Minute um die Ferienplanung. Sprich mit deinen Eltern, bitte sie vielleicht auch um Rat – das kann nur hilfreich sein. Bestimmt werden sie gern in deine Planung einbezogen und können dir ein paar hilfreiche Tipps geben, auf die du selbst nicht gekommen wärst, etwa in puncto Nebenjob.

Die meisten Ferienjobs darf man frühestens mit 15 oder 16 machen. Aber wenn du unterm Schuljahr regelmäßig babysittest, könntest du vielleicht mit der Familie, bei der du arbeitest, in den Urlaub fahren. Keine schlechte Methode der Urlaubsfinanzierung – schon gar nicht, wenn es in ein Traumhaus ans Meer geht.

Auslandsaufenthalt

Die Ferien eignen sich auch perfekt dazu, deine Fremdsprachenkenntnisse zu verbessern. Ein dreiwöchiger Sprachkurs in England, Frankreich oder Spanien kann eine tolle Sache sein.

Es gibt verschiedene Möglichkeiten – zum Beispiel nur ein Aufenthalt in einer Familie, die Kombination Familie/Sprachkurs oder ein „Summer Camp", eine Art Ferienlager für Kinder und Jugendliche aus anderen Ländern. Auch ein Austausch ist denkbar: Ein Mädchen aus einem anderen Land wohnt zuerst bei dir, dann bist du in ihrer Familie oder umgekehrt. Erkundige dich im Internet; es gibt eine Menge Organisationen, die Sprachreisen vermitteln. Auf der Seite des Fachverbands Deutscher Sprachreise-Veranstalter e.V. (FDSV) findest du zertifizierte Angebote: www.fdsv.de/sprachreisen.html.

ICH WILL SCHÖN SEIN

Wer auf sein Aussehen achtet, sich gesund ernährt und regelmäßig Sport macht, sorgt schon für das Wichtigste. In Sachen Beauty stehen dir eine Reihe Verbündete zur Verfügung.

Tägliche Pflege

Eine gründliche Reinigung der Haut ist die Basis. Für den Körper gibt es nichts Besseres als eine nicht zu heiße Dusche und rückfettende Seife. Fürs Gesicht verwendest du am besten morgens und abends eine milde Seife oder eine Reinigungslotion und, je nach Hauttyp, eine feuchtigkeitsspendende leichte Tagescreme.

Es genügt vollkommen, alle zwei oder drei Tage die Haare zu waschen; am besten mit parabenfreiem Shampoo. Für besonders fettiges Haar oder Schuppen gibt es milde Shampoos und besondere Pflegeshampoos.

Schminken

Sich gut zu schminken, ist eine Kunst, die geübt werden will. Frage deine Mutter oder deine große Schwester um Rat oder organisiere Schminkpartys mit Freundinnen. Ihr könnt Tipps austauschen und eine Menge Spaß haben. Übertreibe es jedoch nicht: Make-up kann helfen, um Müdigkeitsspuren zu vertuschen, und einen ebenmäßigen Teint verleihen – aber für dich sollte natürliches Aussehen oberste Prioriät haben.

Experimentiere mit Eyelinern in der Farbe deiner Augen, aber auch in anderen Farben.

Mascara: Verlängert deine Wimpern und verleiht ihnen einen schönen Schwung. Am besten verwendest du wasserfeste *(waterproof)* – sie verwischt selbst beim größten Liebeskummer nicht.

Lippenstift: Nur für besondere Anlässe und nicht zu knallig! Für einen Glanzeffekt kannst du auch Lippgloss verwenden – gibt's in allen Schattierungen.

Nützliche Hilfsmittel

Make-up: Brauchst du nicht in deinem Alter! Deine Haut ist noch frisch – gerade das macht sie schön. Um Aknespuren oder Pickel zu überdecken, verwende einen antiseptischen Abdeckstift oder eine getönte Creme, die einen Ton heller ist als deine Haut; das wirkt natürlicher.

Pinzette: Verzichte auf wilde Enthaarungsorgien. Es reicht völlig, den Bereich zwischen den Augenbrauen zu zupfen.

Rouge: Um besonders frisch auszusehen, verteilst du das Rouge mit einem Pinsel sparsam auf den Wangenknochen.

Eyeliner: Ein dünner Lidstrich am Rand des oberen Lids genügt für den Rehblickeffekt.

Haarmaske für Superglanz

Verrühre 1 Eigelb mit 1 EL Olivenöl und dem Saft von ½ Zitrone. Gib die Mischung auf das feuchte Haar und massiere sie sanft in die Kopfhaut ein. Lass die Maske 10 Minuten einwirken, spül die Haare mit kaltem Wasser aus und lasse sie an der Luft trocknen.

JUGEND IN DER STADT:
WIE UND WO KANN ICH MICH ENGAGIEREN?

Möchtest du am Leben deiner Schule, deines Viertels, deiner Stadt, deines Landes mitwirken? Nimmt dich das schwere Schicksal vieler Kinder auf der Welt mit – dich, die du das Glück hast, in einem wohlhabenden Land geboren zu sein? Wenn du anderen helfen, dich nützlich machen willst, gibt es Möglichkeiten – auch für Jugendliche.

„Die Welt wird nicht bedroht von den Menschen, die böse sind, sondern von denen, die das Böse zulassen."

Albert Einstein

U ROCK!

Hast du Lust, bei einem Verein mitzumachen? Das ist dein gutes Recht, egal, wie alt du bist.

Was ist ein Ehrenamt?

Ein Ehrenamt ist eine Aufgabe, die man freiwillig übernimmt und für die man nicht bezahlt wird. Man stellt seine Zeit zur Verfügung, um eine gemeinsame Sache zu unterstützen. Vor allem Vereine und Verbände beschäftigen ehrenamtliche Mitarbeiter.

Wofür sich engagieren?

In Deutschland üben 35 Prozent der 14- bis 24-Jährigen ein Ehrenamt aus. Voraussetzung ist die Erlaubnis deiner Eltern. Dann musst du noch überlegen, wie viel Zeit du in dein Ehrenamt investieren willst und kannst.

Für ein Engagement gibt es unzählige Möglichkeiten. Gibt es einen Bereich, der dir besonders am Herzen liegt – in dem du vielleicht sogar später beruflich arbeiten möchtest?

- **Sozialarbeit:** Lies Menschen in Altenheimen aus der Zeitung vor, besuche Kinder im Krankenhaus oder bereite Essen für Obdachlose zu. Mögliche Ansprechpartner sind das Rote Kreuz und die Caritas.
- **Kinder- und Jugendarbeit:** Du könntest Jugendgruppen leiten und Freizeitaktivitäten planen, etwa bei eurer Stadtfreizeit oder den Pfadfindern.
- **Sportvereine:** Wenn du in einer Sportart gut bist, kannst du vielleicht Kinder darin trai-

nieren. Oder du hilfst, Sportfeste und Wettkämpfe zu organisieren. Frag mal bei deinem Sportverein nach.

- **Umwelt-/Tierschutz:** Hier gibt es auch immer Projekte, die ehrenamtliche Unterstützung brauchen können. Vielleicht möchtest du im Naturschutz, im Tierheim, im Zoo oder im Museum mithelfen?

Nützliche Adressen:

Folgende Organisationen
können dir bei der Wahl helfen:
www.socialpioneer.de
www.ehrenamt.de
www.buergergesellschaft.de
www.caritas.de
www.bund.net

WIR SIND VERSCHIEDEN, WIR ERGÄNZEN UNS

Deutschland ist eine Demokratie. Das Grundgesetz regelt, dass alle die gleichen Rechte haben: Mädchen und Jungen, und zwar unabhängig davon, welche Hautfarbe sie haben, welcher Religion sie angehören, welche Sprache sie sprechen, woher sie kommen und ob sie eine Behinderung haben. In der Schule begegnest du täglich ganz verschiedenen Leuten. Ihre Andersartigkeit anzuerkennen, ist Voraussetzung für ein harmonisches Miteinander.

Respekt, Jungs und Mädchen!

Der Respekt zwischen Jungs und Mädchen, wie zwischen allen anderen auch, sollte eine unantastbare Regel sein. In Deutschland sind unsere Mütter und Großmütter auf die Straße gegangen, um für die Gleichberechtigung der Frauen zu kämpfen. Dennoch haben 40 % aller Frauen ab dem 16. Lebensjahr schon körperliche oder sexuelle Gewalt erlebt. Manche Jungs mit eigenen Schwierigkeiten können Mädchen gegenüber aggressiv werden, sie beleidigen oder sogar tätlich angreifen. Wenn du Opfer oder Zeugin solcher Aggressionen wirst, sprich einen Erwachsenen darauf an! Du kannst auch beim kostenfreien Kinder- und Jugendtelefon anrufen: Tel. 0800 - 1 11 03 33 (www.nummergegenkummer.de). Rassistische oder homophobe Witze musst du ebensowenig hinnehmen. Im Internet unter www.dajeb.de/bwtel.htm findest du weitere Ansprechpartner.

> „Beurteile das Pfefferkorn nicht nach seiner Größe; koste es, dann merkst du, ob es scharf ist."
>
> Arabisches Sprichwort

Die Grundrechte

Im deutschen Grundgesetz, Art. 1 bis 19, sind die Grundrechte festgelegt. Dazu gehört neben dem Schutz der Menschenwürde auch die persönliche Entfaltung und die Religionsfreiheit. Das bedeutet, es ist Privatsache, welche Religion man ausübt oder ob man keiner Religion angegehört.

Und im Rest der Welt?

2014 feierte UNICEF das 25-jährige Bestehen der UN-Kinderrechtskonvention. Die Konvention, die inzwischen von 193 der 197 von den Vereinten Nationen anerkannten Länder (mit Ausnahme der USA, Somalias, des Südsudans und Palästinas) unterzeichnet worden ist, anerkannte erstmals, dass ein Kind eine eigenständige Persönlichkeit darstellt. Das Dokument legte fest, dass alle Kinder der Welt dieselben Rechte haben. Diese Rechte werden jedoch nicht überall respektiert. Du kannst dich im Internet informieren, wie es jungen Menschen anderswo auf der Welt ergeht.

http://www.unicef.de

MEIN TASCHENGELD

Als Jugendliche entdeckst du die Freuden (und Gefahren), selbst Geld zu haben und es ausgeben zu können, wofür du willst. Gesetzlich ist nicht festgelegt, dass man Taschengeld bekommt – aber es ist ein hervorragendes Training für verantwortungsvolles Handeln.

Du bist heute stärker an Dingen interessiert, die Geld kosten, und willst mehr konsumieren als noch vor ein paar Jahren. Das bringt auch Frust mit sich: Frust, nicht alles zu besitzen, was du besitzen willst. Du wirst lernen müssen, aus dem Angebot auszuwählen.

Wie viel Taschengeld ist fair?

Wie viel Taschengeld du im Monat bekommst, legst du am besten zusammen mit deinen Eltern fest, indem ihr ein monatliches Budget aufstellt: Alle deine notwendigen Ausgaben werden zusammengezählt (Monatskarte für öffentliche Verkehrsmittel, Handy, Kinobesuche, Kleidung, Mittagessen). Dabei siehst du, was dein tägliches Leben kostet. Dazu kommt das Geld, das du von anderer Seite bekommst (Geburtstag, Nebenjobs). So werdet ihr euch bestimmt auf eine Summe einigen können, die du angemessen findest und die den finanziellen Möglichkeiten deiner Eltern entspricht.

Shoppen im Internet

Bestimmt gehörst du zu den 98 % der Jugendlichen, die Zugang zum Internet haben. Surfst du auch häufig mit deinem Smartphone? Da wäre es nicht verwunderlich, wenn du einen Großteil deines Taschengelds online für Bücher, DVDs, Kleider, Accessoires, Computerspiele und Musik ausgibst. Mit sicherem Gespür stöberst du günstige Angebote auf. Dabei gehst du doch eigentlich lieber mit Freundinnen in „echten" Läden shoppen; das macht allein schon wegen des Anprobierens mehr Spaß.

Taschengeld in Zahlen

Im Jahr 2013 erhielten Jugendliche in Deutschland monatlich im Durchschnitt etwa 26 Euro (11- bis 13-Jährige) bzw. 45 Euro (14- bis 17-Jährige). Das Taschengeld macht allerdings nur etwa ein Drittel der Summe aus, die den Jugendlichen insgesamt zur Verfügung steht. Dazu kommen Geldgeschenke zum Geburtstag und zu Weihnachten, finanzielle Belohnungen für gute Noten und für Mithilfe im Haushalt sowie Einkünfte durch Nebenjobs. Grundsätzlich haben Jungs mehr Geld zur Verfügung als Mädchen.

Das Deutsche Jugendinstitut und die Jugendämter veröffentlichen Empfehlungen über die Höhe des Taschengelds für jedes Alter.

Quellen: Deutsches Jugendinstitut, de.statista.com, www.egmont-media-solutions.de und andere

MEINE GEHEIMNISSE

MEMO

Das muss ich mir merken

Meine erste Liebe

Meine Lieblings-Internetseiten:

MEIN MONATLICHES TASCHENGELD:

.... €

Meine Rezepte

Rezepte

sweet!

Chocolate

MEINE REZEPTE

Kleiner Hunger?

Hier findest du allerlei kleine
Leckereien, die perfekt zu einem
Freundinnen-Abend passen:
Wie wär's mit Mini-Quiches,
italienischen Spießchen, Käse-
Windbeuteln, dreierlei Wraps,
Schweineöhrchen oder Würstchen
im Teigmantel? Süßes gibt's auch:
Karamell-Muffins, Schoko-Cookies,
Marshmallow-Spießchen und mehr ···
Da ist für jeden etwas dabei –
lasst es euch schmecken!

Für 12 Mini-Quiches

🥄 : 35 Minuten

🍲 : 30 Minuten

👨‍🍳 : *

MINI-QUICHES MIT KRÄUTERN UND FETA

Die Zutaten

- etwas Butter für die Formen
- 1 Päckchen Mürbteig
- ½ Bund Schnittlauch
- ½ Bund Dill
- ½ Bund Kerbel
- 50 g Feta
- 3 Eier
- 100 ml Milch
- 150 g Sahne
- Salz und Pfeffer
- 1 EL rosa Pfefferkörner

1 Den Backofen auf 180 °C vorheizen. 12 kleine Tarteletteformen mit Butter einfetten. Den Mürbteig ausrollen, 12 runde Scheiben mit je 4 cm Durchmesser ausstechen und in die Förmchen legen. Die Böden mit einer Gabel einstechen und beiseitestellen.

2 Die Kräuter fein hacken, den Feta in 1 cm große Würfel schneiden.

3 In einer Schüssel die Eier, Milch und Sahne verquirlen. Salzen, pfeffern, die Kräuter einrühren.

4 Auf jedes Törtchen 1-2 Fetawürfel setzen, alles mit der Eiermischung bedecken und 30 Minuten im Ofen backen, bis der Teig goldgelb ist.

5 Etwas abkühlen lassen, aus der Form nehmen und vor dem Servieren mit den rosa Pfefferkörnern bestreuen.

Kleiner Tipp: Diese Quiches kannst du grenzenlos variieren. Lass deiner Fantasie freien Lauf: Verwende Zutaten, die dir schmecken und die gerade frisch erhältlich sind. Gemüse der Saison, Fisch, Käse, Wurst – alles geht!

Ist auf jeder Party ein Hit!

Für 12 Spießchen

: 10 Minuten

: *

ITALIENISCHE TOMATEN-MOZZARELLA-SPIESSCHEN

Die Zutaten

- 60 g geschälte, ungesalzene grüne Pistazien
- 12 Mini-Mozzarellakugeln
- 1 EL Olivenöl
- 24 Kirschtomaten
- Salz und Pfeffer

1 Die Pistazien mit einem großen Messer grob hacken und in einen tiefen Teller geben. (Um dich nicht zu verletzen, quetschst du sie am besten zuerst mit der Messerklinge.)

2 Die Mozzarellakugeln in eine Schüssel legen, mit Olivenöl beträufeln und in den Pistazien wälzen, bis sie rundum bedeckt sind.

3 Kirschtomaten und Mozzarellakugeln abwechselnd auf Holzstäbchen stecken.

4 Vor dem Servieren salzen und pfeffern.

Kleiner Tipp: Am besten schmeckt's, wenn du schön reife Tomaten verwendest.

Geht superschnell und schmeckt allen!

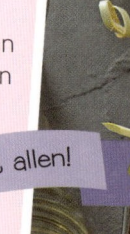

KÄSE-WINDBEUTEL

- 100 g gesalzene Butter
- 150 g Mehl
- 4 Eier
- 150 g Emmentaler

1 Den Ofen auf 200 °C vorheizen und ein Backblech mit Backpapier auslegen.

2 Die gesalzene Butter bei geringer Hitze in einem Topf zerlassen, dann 250 ml Wasser zugeben und zum Kochen bringen. Vom Herd nehmen, das Mehl auf einmal dazugeben und kräftig mit einem Teigschaber umrühren. Die Masse erneut aufkochen lassen, bis sie sich vom Topfrand löst.

3 Den Topf vom Herd nehmen und die Eier nacheinander mit dem Teigschaber einarbeiten. Den Emmentaler grob reiben und behutsam unter die Mischung ziehen.

4 Mit einem Esslöffel Teigbällchen formen und aufs Blech setzen. 25 Minuten in den Ofen schieben. Heiß servieren.

Kleiner Tipp: Damit die Windbeutel nicht zusammenfallen, solltest du die Tür des Ofens während der Backzeit nicht öffnen.

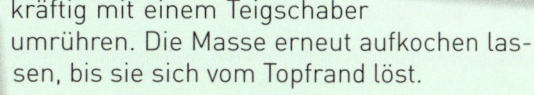

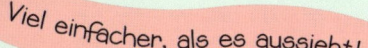

Viel einfacher, als es aussieht!

KÜCHLEIN MIT ZIEGENKÄSE UND SPECK

1 Den Ofen auf 180 °C vorheizen. Die Eier in einer Schüssel verquirlen, salzen und pfeffern. 140 g Mehl, Backpulver, Milch und Sahne zugeben und alles gut vermengen.

2 Speck und Ziegenkäse in Würfel schneiden und behutsam in die Mischung einrühren.

3 12 Mulden eines Muffinblechs (oder 24 Mulden eines Mini-Muffinblechs) einfetten und mit Mehl bestäuben. Die Masse auf die Mulden verteilen, dabei diese nur zu zwei Dritteln füllen. Die Küchlein 20 Minuten im vorgeheizten Ofen backen.

4 Aus dem Ofen nehmen, etwas abkühlen lassen, die Küchlein aus den Förmchen nehmen und auf ein Gitter setzen. Lauwarm servieren.

Die Zutaten

3 Eier

Salz und Pfeffer

140 g Mehl + etwas fürs Blech

½ Päckchen Backpulver

100 ml Milch

3 EL Sahne

120 g Speck

120 g Ziegenkäse

etwas Butter fürs Blech

Herzhafte Zutaten für originelle Küchlein!

WRAPS, AUF 3 ARTEN GEFÜLLT

WRAPS MIT HÜHNCHEN

Das gegarte Hähnchenbrustfilet in Würfel schneiden. Die Salatblätter in Streifen scheiden. In einer Schüssel die Sahne mit der Mayonnaise gut verrühren. Salat und Huhn zugeben und mit der Sauce vermengen. 6 weiche Maistortillas auslegen, je 1 Esslöffel der Mischung daraufsetzen. Eine Seite der Tortillas umschlagen (als „Boden"), dann die Tortillas einrollen und zu Wraps formen.

WRAPS MIT THUNFISCH UND COMTÉ

Den Comté-Käse in Streifen schneiden, die Kirschtomaten vierteln. Den Thunfisch auf einem Teller mit der Gabel zerteilen, mit 1 Esslöffel Senf und dem hartgekochten Ei vermengen. 6 weiche Weizentortillas auslegen und je 1 Esslöffel der Thunfischmischung, die Tomaten und den Comté daraufsetzen. Eine Seite der Tortillas umschlagen (als „Boden"), dann einrollen und zu Wraps formen.

WRAPS MIT AVOCADO

Die Avocado halbieren, das Fruchtfleisch herauslösen und in Scheiben schneiden. Die Zitrone auspressen, die Avocadoscheiben in den Zitronensaft einlegen. 6 weiche Weizentortillas auslegen und mit dem Frischkäse bestreichen. Die Avocadoscheiben und die Schinkenscheiben gleichmäßig auf den Tortillas verteilen. Eine Seite der Tortillas umschlagen (als „Boden"), dann die Tortillas einrollen und zu Wraps formen. Sofort servieren.

Die Zutaten

- 6 weiche Tortillas

Wraps mit Hühnchen
- 300 g gegartes Hähnchen
- 6 Salatblätter
- 100 g Sahne
- 100 g Mayonnaise

Wraps mit Thunfisch und Comté
- 100 g Comté-Käse
- 20 Kirschtomaten
- 150 g Thunfisch (Dose)
- 1 EL Senf
- 1 hartgekochtes Ei

Wraps mit Avocado
- 1 reife Avocado
- 1 Zitrone
- 100 g Frischkäse
- 6 Scheiben roher Schinken

Gefüllte Wraps: hübsch und lecker!

3 BLÄTTERTEIG-IDEEN ZUM KNABBERN

Eine einzige Grundzutat für viele raffinierte Rezepte!

～ Die Zutaten ～

Schweineöhrchen mit Parmesan
- 150 g Blätterteig
- 1 Eigelb
- 70 g geriebener Parmesan

Würstchen im Teigmantel
- 150 g Blätterteig
- 1 Eigelb
- 5 Würstchen
- Kümmel oder Kumin

Olivencroissants
- 150 g Blätterteig
- 70 g Olivenpaste
- 1 Eigelb

SCHWEINEÖHRCHEN MIT PARMESAN

Für etwa 20 Schweineöhrchen

: 20 Minuten

Den Blätterteig zu einem etwa 20 x 30 cm großen Rechteck ausrollen. Das Eigelb mit wenig Wasser oder Milch verquirlen, den Blätterteig damit einpinseln. Mit dem Parmesan bestreuen, dann die kürzeren Seiten des Teigrechtecks zur Mitte hin einrollen, um die Schweineöhrchen zu formen. Die Rolle in Frischhaltefolie einschlagen und 30 Minuten in den Kühlschrank legen; so wird sie etwas fester und lässt sich leichter schneiden.

Den Ofen auf 180 °C vorheizen, ein Backblech mit Backpapier auslegen. Den Teig aus dem Kühlschrank nehmen, die Folie entfernen, dann die Rolle in 1 cm dicke Scheiben schneiden. Auf das Backblech legen und leicht flach drücken, im Ofen 12–15 Minuten backen. Die Schweineöhrchen schmecken lauwarm am besten.

WÜRSTCHEN IM TEIGMANTEL

▼▼▼

Für etwa 25 Stück

: 20 Minuten

Ofen auf 180 °C vorheizen, ein Back-blech mit Backpapier auslegen. Blätterteig zu einem etwa 15 x 40 cm langen Streifen ausrollen. Das Eigelb mit wenig Wasser oder Milch verquirlen, den Blätter-teig damit einpinseln. 5 Würstchen hintereinander darauflegen, dann den Teig um die Würstchen herum einrollen und leicht an-drücken. Die Rolle in 3–4 cm breite Stücke schneiden, diese auf das Backblech legen, leicht flach drücken. Mit Eigelb bestreichen, mit Gewürz bestreuen. 10–12 Minuten backen. Würstchen im Teigmantel schmecken lauwarm am besten.

OLIVENCROISSANTS

▼▼▼

Für etwa
20 Croissants

: 20 Minuten

Den Ofen auf 180 °C vorheizen, ein Backblech mit Backpapier auslegen. Den Blätterteig ausrollen und in 7–8 cm große Quadrate schneiden, diese in Dreiecke einteilen. Die Dreiecke mit der Olivenpaste bestreichen, dann von der Mitte zu den Spitzen hin einrol-len. Auf das Backblech legen und zu Croissants biegen. Das Eigelb mit wenig Wasser oder Milch verquirlen, die Croissants dünn damit ein-pinseln. 12–15 Minuten backen. Am besten lauwarm genießen.

BRETONISCHE BUTTER-KÜCHLEIN

1 Den Backofen auf 180 °C vorheizen.

2 Die Eier in Eiweiß und Eigelb trennen.

3 In einer großen Schüssel die Butter mit dem Zucker schaumig schlagen. Vanillezucker und Eigelbe zugeben, weiter-rühren.

4 Das Mehl zur Butter-masse in die Schüssel sieben, dann das Backpulver und das Salz zugeben. Rühren, bis eine homogene Masse entsteht.

5 Das Eiweiß zu festem Eischnee schlagen (Vorsicht, am Rührbesen darf kein Eigelb oder sonstiges Fett mehr sein, sonst gelingt der Eischnee nicht!) und behutsam mit einem Holzlöffel unter die Masse heben.

6 8-10 Mini-Kuchenformen einfetten und mit Mehl bestäuben (wenn sie nicht aus Silikon sind). Den Teig auf die Formen ver-teilen und 15-20 Minuten backen.

Die Zutaten

- 2 Eier
- 120 g weiche Butter + etwas für die Formen
- 120 g Zucker
- 1 Päckchen Vanillezucker
- 120 g Mehl + etwas für die Formen
- ½ Päckchen Backpulver
- 1 Prise Salz

Einfach ein Muss zur Teatime!

PANNACOTTA MIT HIMBEEREN

∽ Die Zutaten ∽

- 250 g Himbeeren
- 4 karamellisierte Mandeln mit rosa Zuckerüberzug
- 3 Blatt Gelatine
- 400 g Schlagsahne
- 50 g Zucker

1 8 Himbeeren beiseitelegen; die restlichen mixen, das Püree durch ein feines Sieb streichen.

2 Die Mandeln vorsichtig auf einem Schneidebrett mit einem Holzhammer oder einem Nudelholz zerkleinern.

3 Die Gelatine in kaltem Wasser einweichen. Sahne und Zucker in einem kleinen Topf 5 Minuten erhitzen, aber nicht kochen lassen. Vom Herd nehmen; die Gelatine mit einem Schneebesen einrühren, bis sie sich auflöst. Das Fruchtpüree zügig einrühren.

4 In kleine Schälchen verteilen, in den Kühlschrank stellen.

5 Mit den 8 ganzen Himbeeren und den Mandelsplittern garnieren. Fertig zum Verzehr!

Extratipp: Du kannst für dieses Rezept nach Lust und Laune auch alle andere Beeren verwenden: Erdbeeren, Brombeeren, Johannisbeeren ...

Fruchtig-frisch – da will jeder einen Nachschlag!

SCHOKO-COOKIES

Die Zutaten

- 175 g dunkle Schokolade oder dunkle Schoko-tröpfchen
- 110 g weiche Butter
- 110 g brauner Zucker
- 100 g weißer Zucker
- 1 Ei
- ½ TL Vanilleextrakt
- 225 g Mehl
- ½ TL Backpulver
- 1 Prise Salz

1 Wenn du keine Schokotröpfchen verwendest, rasple die Schokolade auf einer groben Reibe mit großen Löchern.

2 Den Ofen auf 170 °C vorheizen.

3 Die Butter mit den beiden Zuckersorten in einer großen Schüssel mixen, bis eine hellgelbe, schaumige Masse entsteht. Erst das Ei, dann das Vanilleextrakt hinzufügen.

4 Das Mehl mit Backpulver und Salz in die Schüssel mit der Butter-Ei-Masse sieben, dabei immer wieder mit einem Holzlöffel umrühren, damit keine Klümpchen entstehen. Die Schokolade einrühren – fertig ist der Teig!

5 Ein Backblech mit Backpapier auslegen. Mit einem Esslöffel Teighäufchen in großzügigem Abstand voneinander auf das Blech setzen; den Esslöffel zwischendurch immer wieder in ein Schälchen mit Wasser tauchen. Die Häufchen mit dem Löffelrücken flach drücken, bis sie einen Duchmesser von etwa 10 cm haben.

6 Im vorgeheizten Ofen 8–10 Minuten backen; die Cookies sollen innen knusprig sein.

7 Aus dem Ofen nehmen und auf einem Gitter abkühlen lassen. Lauwarm oder kalt servieren.

Verzierung gewünscht? Alles ist erlaubt!

SALZIGE KARAMELL-MUFFINS

Für 8-10 Muffins

: 20 Minuten

: 20 Minuten

: *

Die Zutaten

- 175 g gesalzene Butter + etwas fürs Blech
- 200 g Mehl + etwas fürs Blech
- 2 TL Backpulver
- 75 g Zucker
- ½ TL feines Salz
- 2 Eier
- 150 ml Milch oder 150 g Sahne
- 8-10 weiche Karamellbonbons

① Den Ofen auf 180 °C vorheizen.

② 175 g Butter in einem kleinen Topf bei geringer Hitze zerlassen.

③ 200 g Mehl, Backpulver, Zucker und Salz in einer Schüssel mischen.

④ In einer weiteren Schüssel die flüssige Butter mit den Eiern und der Milch oder Sahne verquirlen. Die Mehlmischung hinzufügen und mit dem Schneebesen unterrühren.

⑤ Die Mulden eines Muffinblechs mit Butter einfetten und mit Mehl bestäuben (wenn sie nicht aus Silikon sind). Die Mulden zur Hälfte mit dem Teig befüllen, dann je ein Karamellbonbon hineinsetzen. Die Mulden zu drei Vierteln mit Teig auffüllen. Die Muffins etwa 20 Minuten backen. Sie sollen goldgelb und fest sein.

Eine ganz besondere Geschmacksnote: süßer Karamell mit salzigem Touch!

FRUCHTIGE MARSHMALLOW-SPIESSCHEN

① Minzzweige von den Blättern befreien und in ein Glas Wasser stellen, bis du sie weiterverwendest. Marshmallows in Würfel schneiden.

② Die Früchte behutsam mit einem Zahnstocher durchbohren.

③ Abwechselnd Beeren und Marshmallows auf die Minzzweige fädeln – schon hast du süße, frische Spießchen!

Kleiner Tipp: Damit die Spießchen gut halten, fädele sie erst kurz vor dem Servieren auf und stelle sie kalt.

Die Zutaten

12 Zweige Minze (oder Melisse oder kleine Holzstäbchen)

3 Marshmallowstangen mit verschiedenen Geschmacksrichtungen (Minze, Anis, Zitrone...)

24 nicht zu reife Beeren (große Himbeeren, Brombeeren, Erdbeeren)

Diese Süßigkeit muss man teilen!

84

KOKOSNUSS-FLANS

~ Die Zutaten ~

etwas Butter für die Formen
3 Eier
80 g Zucker
200 ml Kokosmilch
60 g Kokosraspel

① Den Ofen auf 180°C vorheizen. Vier einzelne Auflaufförmchen einfetten.

② Eier und Zucker miteinander verquirlen, Kokosmilch und -raspel unterrühren.

③ Die Mischung in die Auflaufförmchen füllen und 20 Minuten backen – fertig sind die Flans!

④ Lauwarm oder kalt servieren.

Kleiner Tipp: Schmeckt auch genial mit frisch geriebener Kokosnuss.

Schmeckt nach Karibik – supereinfach und seeeehr lecker!

BANANEN-MILCHSHAKE

① Die Bananen schälen und in Scheiben schneiden. Mit der Eiscreme, der Milch und dem Zucker in die Schüssel eines Standmixers geben.

② Etwa 1 Minute lang zu einem cremigen, schaumigen Drink mixen.

③ Sofort in Gläser füllen. In jedes Glas einen bunten Strohhalm stecken und den Drink genießen.

Kleiner Extratipp: Für etwas Abwechslung kannst du auch eine der Bananen durch 100 g frische Mango, Erdbeeren oder eine Birne ersetzen.
Oder probier das Rezept einmal mit Schokoladen- statt Vanilleeis!

Perfekt für überreife Bananen!

: 5 Minuten

: *

COCKTAIL „EIN TRAUM IN ROT"

~ Die Zutaten ~

- 70 ml Wassermelonensaft
- 6 Erdbeeren
- 1 schöner Minzzweig

① Fülle den Wassermelonensaft (siehe Tipp) in das Glas eines Standmixers. Die Erdbeeren und den Minzzweig dazugeben und alles 15 Sekunden lang mixen.

② In ein Glas füllen und kühl genießen – Zurückhaltung ist hier fehl am Platz!

Kleiner Tipp: Den Wassermelonensaft kannst du selber machen: Schneide ein Stück Wassermelone in 4 cm große Würfel und gib diese in den Mixer. Ohne Zugabe von Wasser 20 Sekunden mixen, dann durch ein Sieb gießen und 70 ml abmessen – fertig!

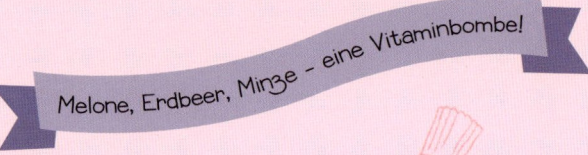

Melone, Erdbeer, Minze – eine Vitaminbombe!

MEINE REZEPTE

MEMO

DAS REZEPT MEINES LIEBLINGSKUCHENS

....
....
....
....
....
....
....
....
....
....
....
....
....

Das beste Rezept meiner Oma

....
....
....
....
....
....
....
....
....
....
....

TOP SECRET!

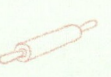

Das esse ich am liebsten

....
....
....

Meine Eigenkreationen

MEINE EIGENKREATIONEN

Lust auf ein
Shamballa-Armband?
Oder auf Origami-Schmuck?
Auf den nächsten Seiten findest du
illustrierte Anleitungen
für deine eigenen Kreationen.
Shamballa-Armbänder klassisch, schick
oder knallig, kleine Fische,
ein Medaillon, ein Origami-Armreif -
du hast die Wahl!

DO IT
YOURSELF !

Shamballas
Armbänder aus Tibet

Material

Schere

Maßband

Klemme

Klebeband

Transparenter
Nagellack

Colle Extra forte

Klebstoff

Perlen

2 gewachste
Baumwollschnüre

Die Basisschnur

1 Schneide von einer Schnur ein 40 cm langes Stück ab; das ist die Basisschnur. Mache an ein Ende einen Knoten und fädle die Perlen in der Reihenfolge auf, die das Armband haben soll. Knote nun auch das andere Ende zu.

2 Fixiere die straff gespannte Schnur mit einer Klemme oder einem Klebeband. Schiebe die erste Perle Richtung Klemme und klebe danach (10 cm unterhalb des oberen Endes) einen Klebestreifen auf die Schnur. Hier beginnt dein Armband. Die letzte Perle befindet sich nah am anderen Schnurende.

Die Flecht-schnur

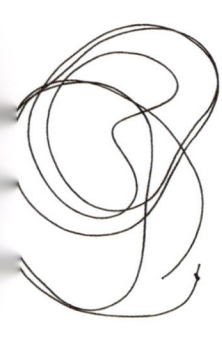

1 Schneide von der zweiten Schnur ein 160 cm langes Stück ab und mache an eines der Enden einen Knoten – das ist ab jetzt die Markierung, anhand derer du erkennst, welche Seite immer als erste am Zug ist!

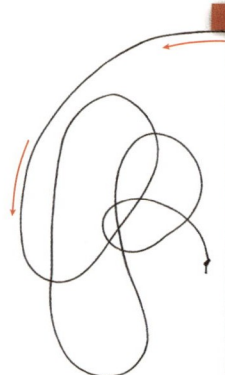

2 Fädle diese Schnur unter der Basisschnur hindurch, bis zwei gleich lange Hälften entstehen; die Markierung ist links.

Ziehe an dem Ende mit der Markierung, bis die Flechtschnur links 10 cm länger ist als rechts.

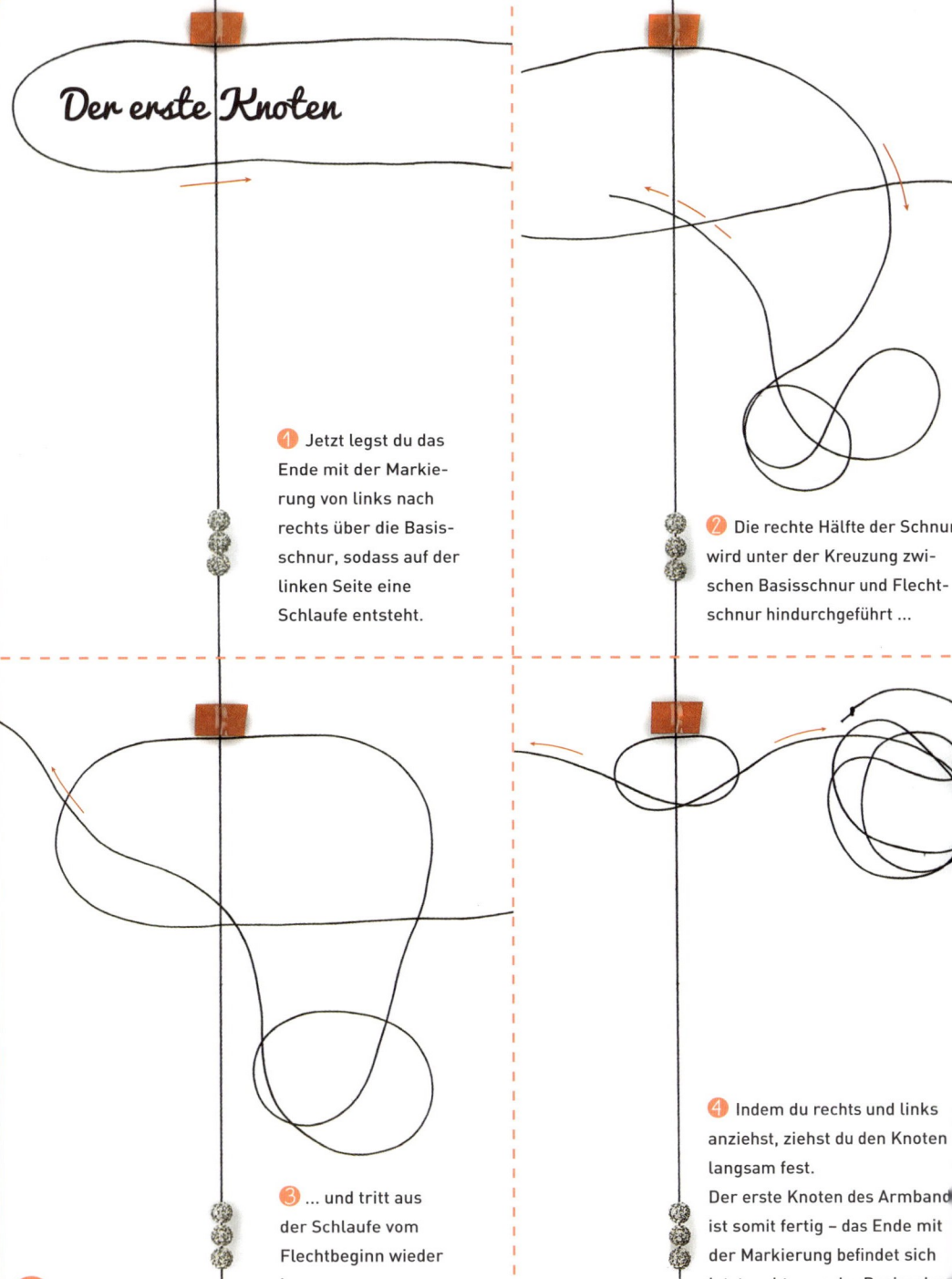

Der erste Knoten

1 Jetzt legst du das Ende mit der Markierung von links nach rechts über die Basisschnur, sodass auf der linken Seite eine Schlaufe entsteht.

2 Die rechte Hälfte der Schnur wird unter der Kreuzung zwischen Basisschnur und Flechtschnur hindurchgeführt ...

3 ... und tritt aus der Schlaufe vom Flechtbeginn wieder heraus.

4 Indem du rechts und links anziehst, ziehst du den Knoten langsam fest.
Der erste Knoten des Armbands ist somit fertig – das Ende mit der Markierung befindet sich jetzt rechts von der Basisschnu

Der zweite Knoten

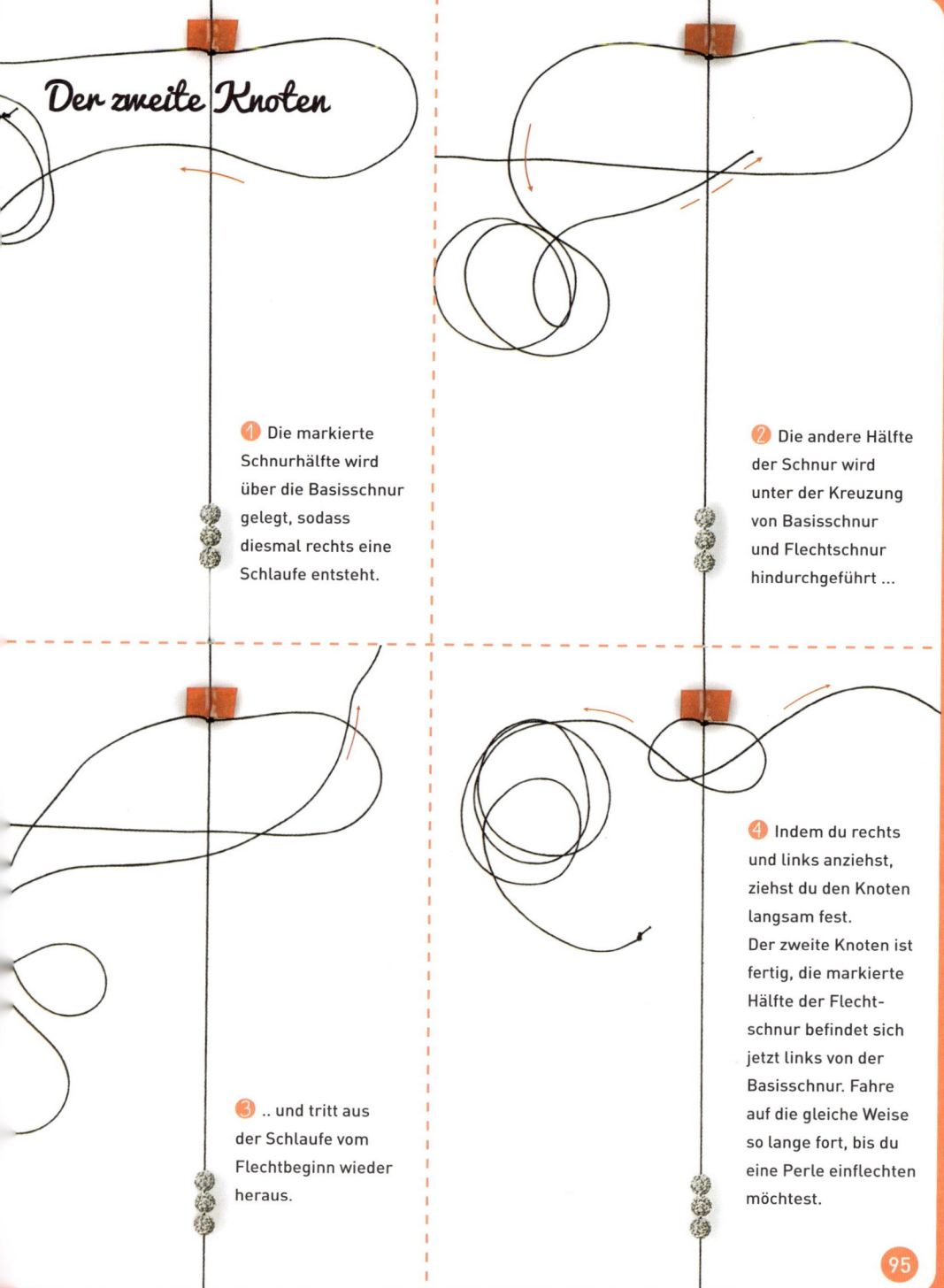

1 Die markierte Schnurhälfte wird über die Basisschnur gelegt, sodass diesmal rechts eine Schlaufe entsteht.

2 Die andere Hälfte der Schnur wird unter der Kreuzung von Basisschnur und Flechtschnur hindurchgeführt ...

3 .. und tritt aus der Schlaufe vom Flechtbeginn wieder heraus.

4 Indem du rechts und links anziehst, ziehst du den Knoten langsam fest. Der zweite Knoten ist fertig, die markierte Hälfte der Flechtschnur befindet sich jetzt links von der Basisschnur. Fahre auf die gleiche Weise so lange fort, bis du eine Perle einflechten möchtest.

95

Eine Perle einflechten

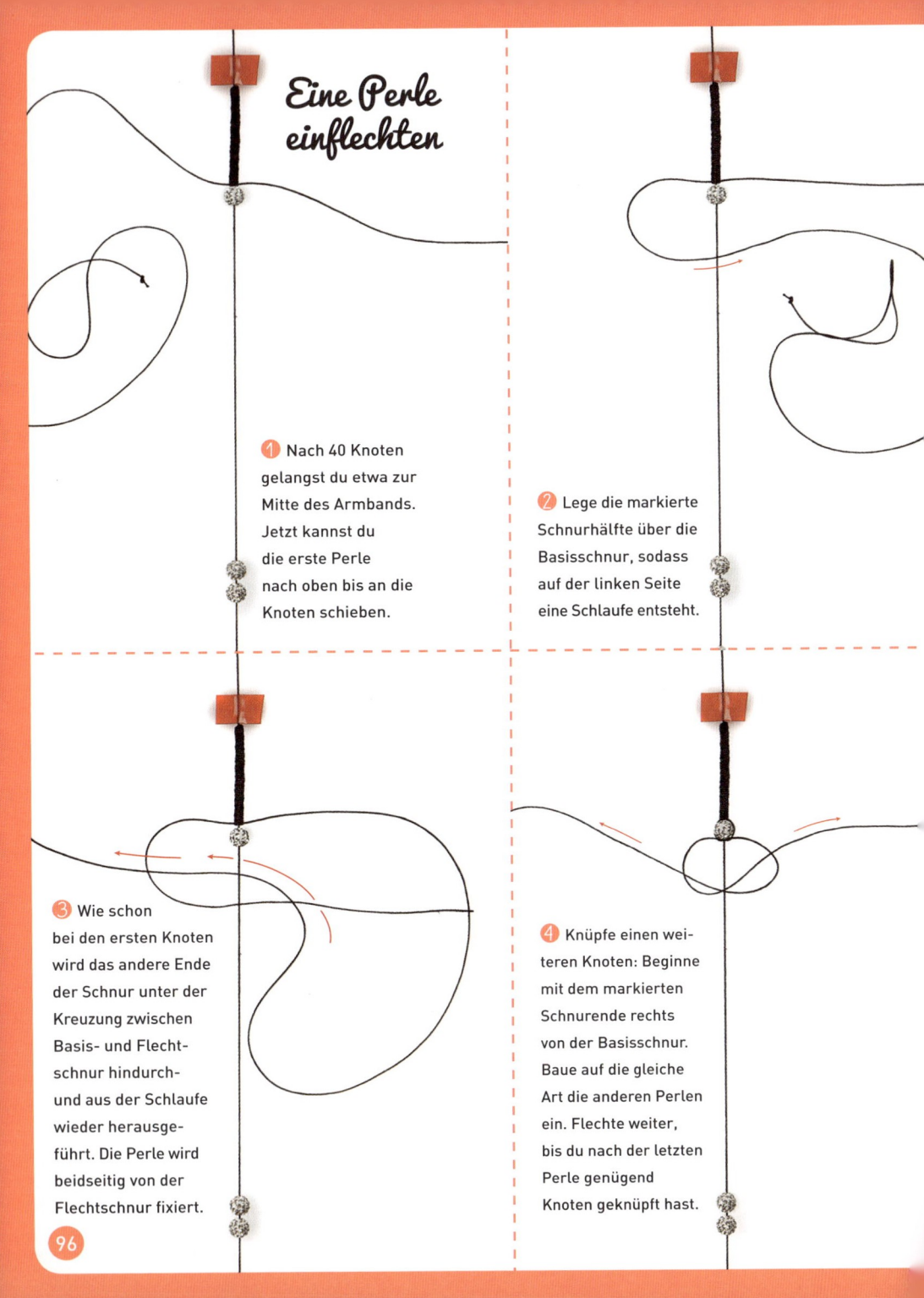

1 Nach 40 Knoten gelangst du etwa zur Mitte des Armbands. Jetzt kannst du die erste Perle nach oben bis an die Knoten schieben.

2 Lege die markierte Schnurhälfte über die Basisschnur, sodass auf der linken Seite eine Schlaufe entsteht.

3 Wie schon bei den ersten Knoten wird das andere Ende der Schnur unter der Kreuzung zwischen Basis- und Flechtschnur hindurch- und aus der Schlaufe wieder herausgeführt. Die Perle wird beidseitig von der Flechtschnur fixiert.

4 Knüpfe einen weiteren Knoten: Beginne mit dem markierten Schnurende rechts von der Basisschnur. Baue auf die gleiche Art die anderen Perlen ein. Flechte weiter, bis du nach der letzten Perle genügend Knoten geknüpft hast.

Das Armband abschließen

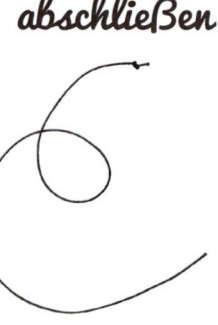

1 Den letzten der zweiten 40 Knoten ziehst du sehr fest zu. Schneide die beiden Enden der Flechtschnur kurz ab; die Basisschnur wird nicht abgeschnitten.

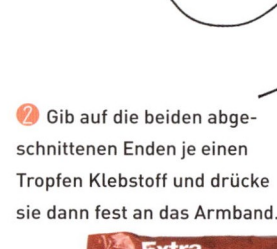

2 Gib auf die beiden abgeschnittenen Enden je einen Tropfen Klebstoff und drücke sie dann fest an das Armband.

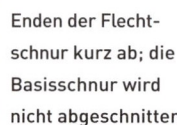

Nimm das längere Stück der abgeschnittenen bisherigen Flechtschnur; damit wird jetzt der Verschluss geflochten.

Den Verschluss flechten

1 Lege das Armband kreisförmig hin und fixiere die beiden Enden der neuen kurzen Flechtschnur mit Klebeband.

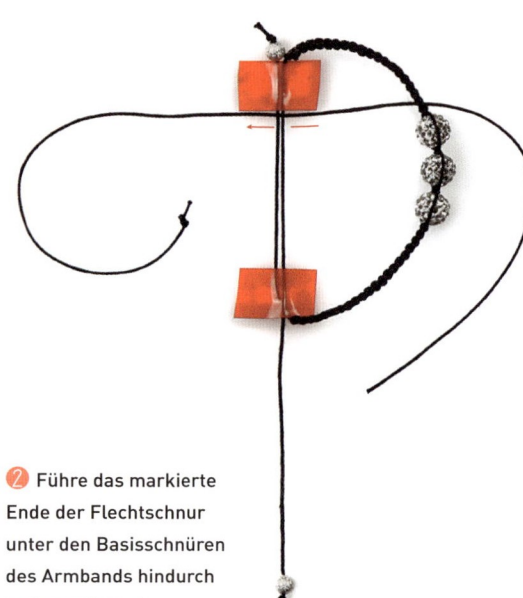

2 Führe das markierte Ende der Flechtschnur unter den Basisschnüren des Armbands hindurch und zentriere sie.

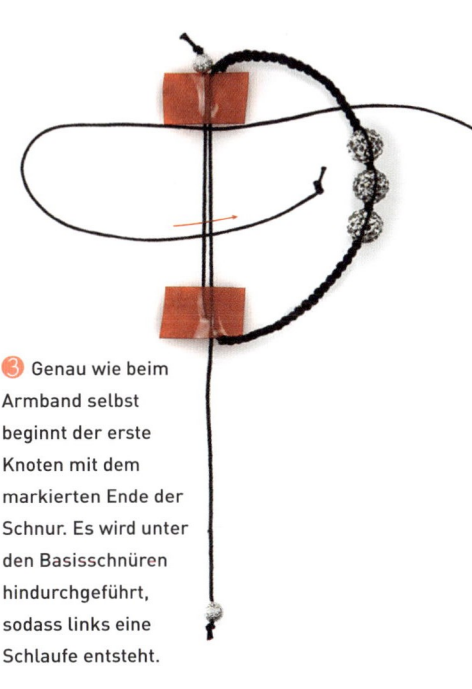

3 Genau wie beim Armband selbst beginnt der erste Knoten mit dem markierten Ende der Schnur. Es wird unter den Basisschnüren hindurchgeführt, sodass links eine Schlaufe entsteht.

4 Jetzt wird das rechte Ende der Schnur unter der Kreuzung der drei Schnüre hindurch- und durch die Schlaufe wieder hinausgeführt. Ziehe an den Enden – der erste Knoten ist fertig. Die markierte Hälfte der Schnur befindet sich rechts.

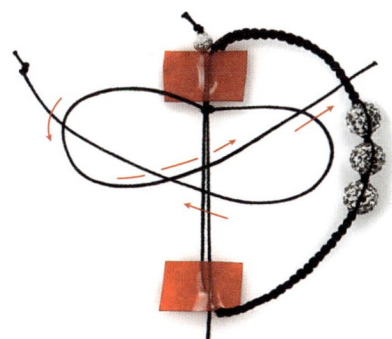

5 Beginne erneut mit dem markierten Ende, diesmal von rechts. Die Schnur wird über die Basisschnüre geführt, rechts entsteht eine Schlaufe.

Nun führst du das linke Ende unter der Kreuzung der drei Schnüre hindurch und durch die Schlaufe rechts wieder hinaus.

6 Fahre fort, bis die gewünschte Länge erreicht ist. Das Armband sollte groß genug sein, dass du mit der Hand hineinschlüpfen kannst.

Das Armband
fertigstellen

① Ziehe die Klebstreifen ab und schneide die beiden Schnüre des Verschlusses ab.

② Gib auf die beiden abgeschnittenen Schnurenden je einen Tropfen Klebstoff und drücke sie fest an den Verschluss.

③ Halte den Verschluss fest und ziehe die Schnüre des Armbands hindurch. Öffne das Armband so weit wie möglich, das heißt, bis zur Perle am einen Ende.

④ Schiebe die zweite Perle nah an den Verschluss und gleiche die Länge der Schnüre einander an. Mache direkt hinter der Perle einen Knoten und schneide die restliche Schnur ab – fertig ist dein Armband!

Shamballa schick

Du brauchst:

- 40 cm schwarze Basisschnur
- 160 cm schwarze Flechtschnur
- 5 anthrazitfarbene Perlen
- 4 große silberne Perlen
- 2 kleine silberne Perlen
  für den Verschluss

Tipp

Wenn du losziehst, um die
Perlen zu kaufen, nimm am besten
die Basisschnur mit. So kannst du
sicherstellen, dass das Loch der Perlen
groß genug ist, damit die Schnur durchpasst.

Shamballa knallig

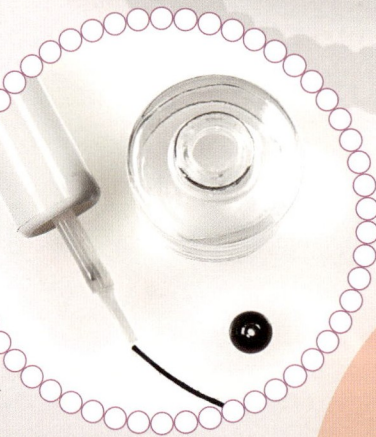

Tipp

Mit einem Tropfen Nagellack lässt sich die Schnur leichter durch die Perlen fädeln: Gib eine dünne Schicht Lack auf ein Schnurende und lass sie trocknen – so wird die Spitze hart und kann nicht mehr ausfransen.

BASTELSTUNDE

Origami-Ohrringe

Material

Um Schmuck zu falten, brauchst du nur wenig Material. Vieles hast du sowieso zur Hand, etwa eine Schere, einen Klebestift oder Leim und Klebeband.

Verbindungsringe aus Silber oder Gold, mit denen du den Schmuck und die Ohrhaken zusammenfügst.

Perlen

Mit Kettelstiften in Silber oder Gold kannst du gefaltete Papiere oder Perlen auffädeln, um Ohrringe oder Anhänger daraus zu machen.

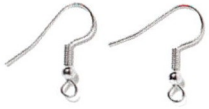

Ohrhaken: kleine Haken aus Silber oder Gold, an denen die Verbindungsringe befestigt werden.

Ein Band oder eine Schnur

Quetschperlen: kleine Metallperlen, die mit einer Zange zusammengedrückt werden und so Perlen oder Papierschmuck fixieren.

Kleine Fische

Diese kleinen quadratischen Fische warten sehnlich darauf, an deinen Ohren zu schwimmen.

Du brauchst:

- je ½ quadratisches Blatt Origamipapier (je 4 x 8 cm) pro Fisch
- 2 Ohrhaken
- 2 Verbindungsringe

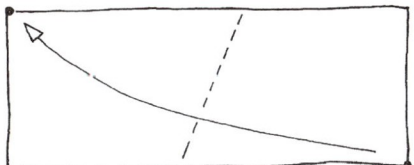

① Falte zwei diagonal gegenüberliegende Ecken aufeinander.

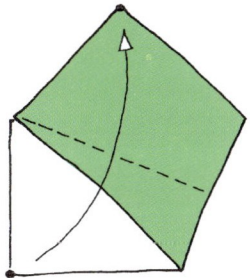

② Falte die untere Ecke auf die obere.

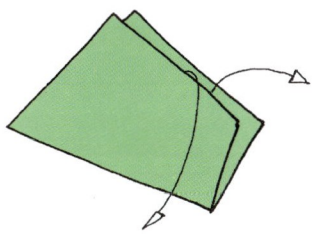

③ So soll es aussehen. Entfalte das Papier wieder.

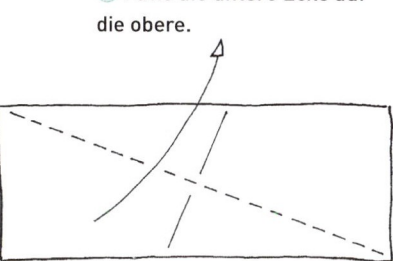

④ Falte das Papier einmal diagonal ...

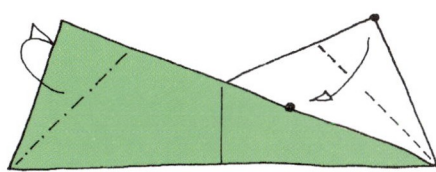

⑤ ... und schlage beide Ecken zur Kante in der Mitte hin um ...

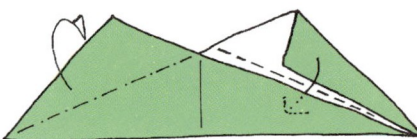 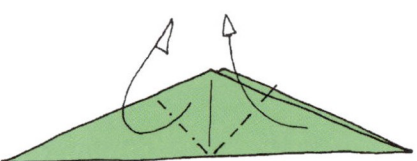

6 ... und dann noch einmal, sodass sie jeweils auf der langen Seite zum Liegen kommen.

7 Jetzt faltest du eine spitze Ecke auf der Vorderseite nach oben, die andere auf der Rückseite.

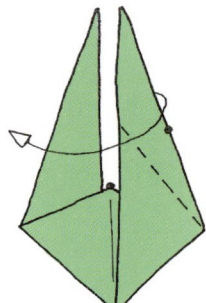 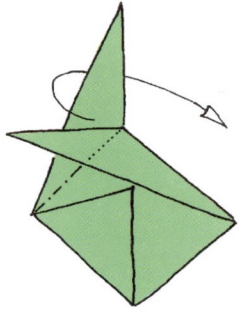

8 Falte nun die rechte Spitze über die Mitte zur linken Seite, sodass die obere Kante zur Mitte im rechten Winkel steht. Drehe dein Werk um und falte die andere Spitze auf der Rückseite auf die gleiche Weise.

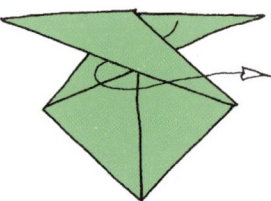 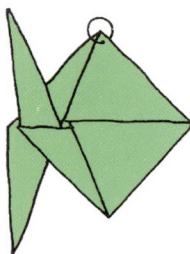

9 Um den Ohrring zu stabilisieren, kreuze nun die beiden Schwanzspitzen, das heißt, du ziehst die hintere Spitze nach vorn.

10 Bringe oben einen Verbindungsring an (das geht einfacher, wenn du vorher mit einer Nadel durch alle Papierschichten stichst). Am Verbindungsring befestigst du den Ohrhaken – fertig ist der erste Ohrring!

Medaillon

Je nach Laune kannst du deine Halskette in Pastellfarben oder in knalligen Farben gestalten.

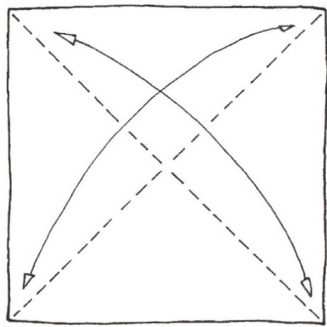

1 Du faltest das Papier zweimal diagonal und entfaltest es wieder.

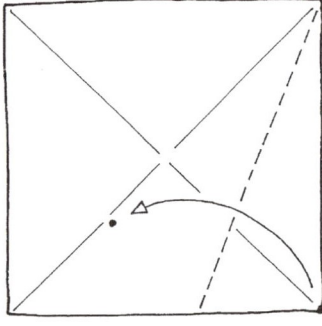

2 Schlage eine Ecke in die Mitte, als wolltest du einen Drachen falten.

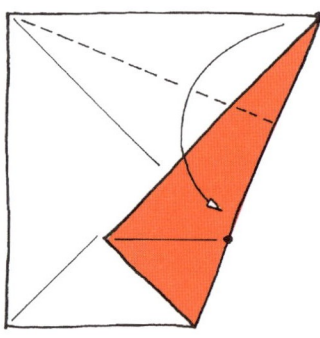

3 Falte aber die nun entstandene spitze Ecke ebenfalls zur Mittellinie hin ...

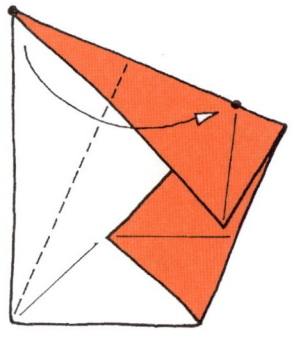

4 ... und auch die nächste spitze Ecke ...

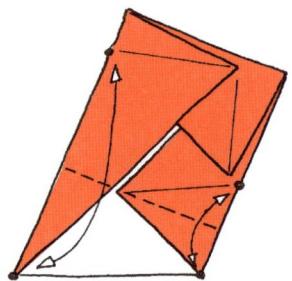

5 ... und schließlich die letzte. Diese Faltung öffnest du gleich wieder. Jetzt schiebst du ...

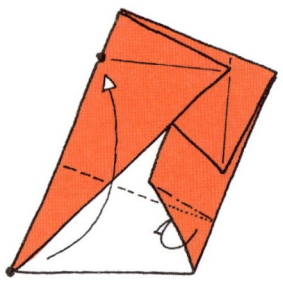

6 ... die rechte Ecke nach innen unter die Faltung von zuvor; die linke Ecke bleibt oben. Du hast dann vier oben liegende Ecken.

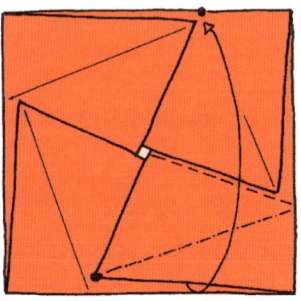

🞤 Ziehe nun die Spitze der unteren Ecke noch oben, sodass sie am oberen Rand (siehe Abb.) zu liegen kommt; ...

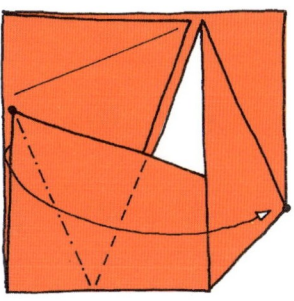

🞥 ... sie öffnet sich dabei. Mach das Gleiche mit der Spitze der zweiten Ecke, ...

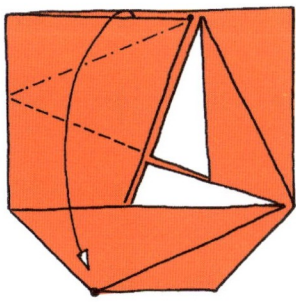

🞦 ... dann mit der Spitze der dritten ...

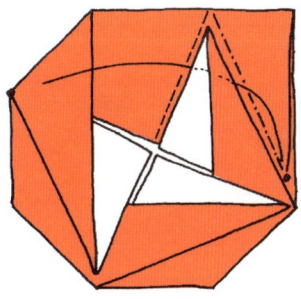

🞧 ... und schließlich der der vierten.

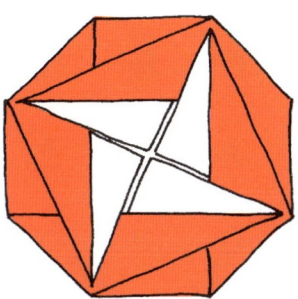

🞨 Schiebe jetzt alle Spitzen nach innen, unter die jeweils darüberliegende Faltung.

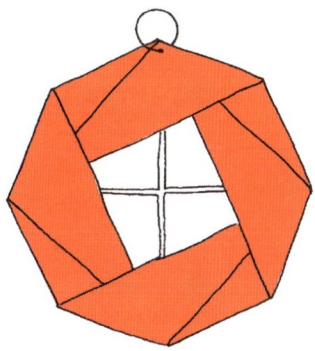

🞩 Zum Schluss stichst du ein kleines Loch durch dein Medaillon, befestigst den Verbindungsring und fädelst ein Band hindurch – fertig ist eine originelle Kette.

Origami-Armreif

Mit diesem stylischen Armband blubbern kleine bunte Blasen um dein Handgelenk herum.

Du brauchst:
- 7 bis 8 quadratische Blätter Origamipapier (je 8 x 8 cm), je nach Umfang deines Handgelenks
- Klebstoff

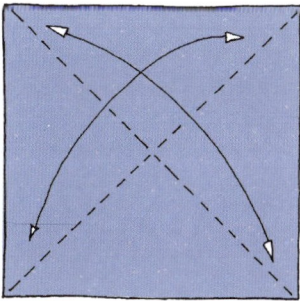

1 Du faltest das Papier zweimal diagonal und entfaltest es wieder.

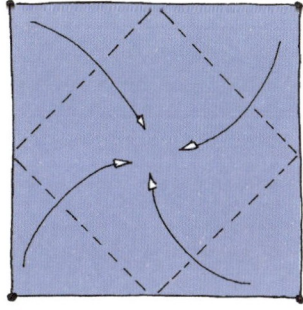

2 Falte nun alle vier Ecken zur Mitte hin ...

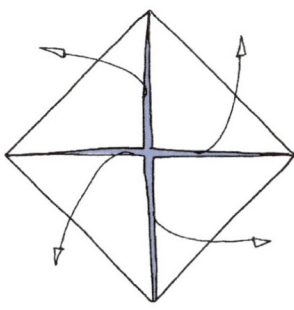

3 ... und wieder auseinander.

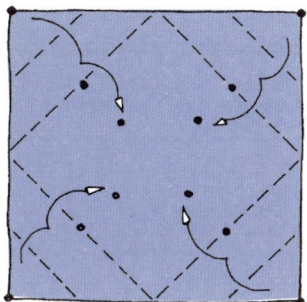

4 Falte die Ecken zuerst bis zum eben gefalteten Bruch, dann schlage sie noch einmal zur Mitte hin um.

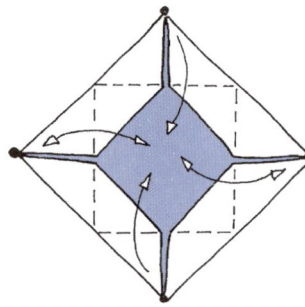

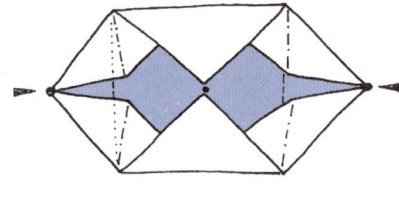

⑤ Falte die obere und untere Ecke zur Mitte hin. Die rechte und linke Ecke faltest du ebenfalls zur Mitte, öffnest sie dann aber wieder.

⑥ Öffne bei beiden Ecken die seitliche Faltung etwas, ergreife jeweils von innen die Spitze und ziehe sie in die Mitte.

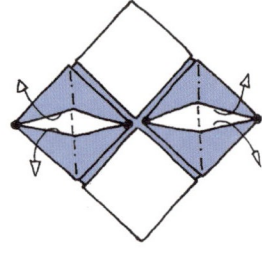

⑦ Schlage die vier Ecken, die jetzt entstanden sind, nach hinten um und klebe sie fest. (Das wird die Innenseite deines Armreifs.)

⑧ Öffne nun die Seiten – sie bilden die Verbindung zum nächsten „Kettenglied" (siehe folgende Abb.). Wiederhole nun alle Schritte mit so vielen Papieren wie nötig.

⑨ Um das Armband fertigzustellen, fügst du die verschiedenen „Kettenglieder" ineinander und klebst sie fest.

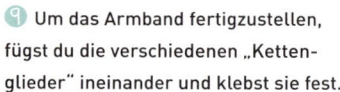

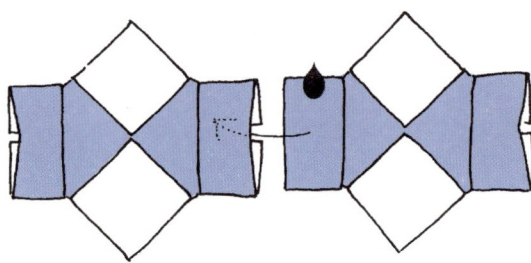

MEINE EIGENKREATIONEN

MEMO

Schmuck, den ich immer tragen werde:

....

....

....

....

Kreationen, die ich schon gemacht habe:

....

....

....

....

Klebe hier ein Foto von einem deiner Schmuckstücke ein.

Klebe hier ein Foto von einem deiner Schmuckstücke ein.

Klebe hier ein Foto von einem deiner Schmuckstücke ein.

Meine Notizen
und Erlebnisse

Meine Notizen und Erlebnisse

Jetzt bist du dran!

Vervollständige dieses Büchlein - denn damit vergisst du nie die schönen Momente, deine besonderen Erlebnisse, die netten Leute um dich herum, deine Träume und das, was dir Spaß macht.

COOL

Meine besten Momente des Jahres

LOL!

Meine Top 3
Die allerlustigsten Lachanfall-Momente

1. _____

2. _____

3. _____

Wann und wo war das?

....

....

Wer war dabei?

....

....

Was war los?

....

....

Die größten
**Glücks-
momente**

* mit der Familie

....

....

* mit meiner besten Freundin

....

....

BFF

* im Urlaub

....

....

* in der Schule

....

....

*Neue
Erfahrungen*

... die ich gemacht habe und super
fand (Sport, Natur, Kultur, Kochen ...)

....

....

....

....

Der Ort

den ich entdeckt habe und zu dem ich zurückkommen will

Klebe hierher
ein Foto dieses
paradiesischen Ortes

Wo war das?

....

Und wann?

....

Wer war dabei?

....

Das Geschenk

über das ich mich am meisten gefreut habe

Zu welchem Anlass? ....

....

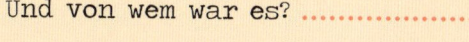

Und von wem war es? ....

....

Mein peinlichster Augenblick

* in der Schule

....

....

* zu Hause

....

....

* mit meinen Freundinnen

....

....

* So habe ich reagiert:

....

....

Mein schönstes Urlaubssouvenir

....

....

Klebe hierher Fotos der besten Momente dieses Jahres

Meine Freundinnen

BEST FRIENDS FOREVER!

BFF

Meine beste Freundin
oder BFF (best friend forever)

Vorname: ....

Nachname: ....

Wo haben wir uns kennengelernt? ....
....

Seit wann sind wir befreundet? ....
....

Ihr größtes Geheimnis: ....
....
....

Ihre beste Eigenschaft: ....
....

Ihre kleinen Schwächen: ....
....

Unser schlimmster Streit: ....
....
....

xoxo

Kleine Freundinnenliste

BFFs 4 Ever

Die Hübscheste: ....

Die Gesprächigste: ....

Die Ernsteste: ....

Die am besten Gekleidete: ....

Die, die immer bestimmen will: ....

Die Eifersüchtigste: ....

Die Sportlichste: ....

Die größte Feinschmeckerin: ....

Die Lustigste: ....

Die Coolste: ....

LOL!

Mein schönster Urlaub

Wann war das? ....
....

Und wo? ....
....

So war das Wetter: ....
....

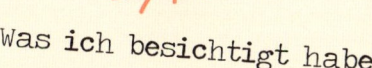

Was ich besichtigt habe: ....
....
....

Was wir gemacht haben: ....
....
....

Wen ich kennengelernt habe: ....
....
....
....
....

Meine schönste Erinnerung: ....
....
....

Was ich entdeckt habe: ....
....
....

Klebe hierher
ein Foto von deinem Urlaub

Meine coolsten Weggeh-Abende

Das beste Konzert/Event

Künstler(in): ....

Datum: ....

Ort: ....

Mit wem war ich dort? ....

....

....

Das Beste war ....

....

....

Souvenir des
Konzerts oder Events
hier einkleben

COOL

Andenken an die Party
hier einkleben

KISS

Die tollste Party

Bester Moment des Abends:
....
....

Wie war die Musik?
....

Das hatte ich an:
....
....

Datum: ....

Ort: ....

Anlass: ....
....

Wann bin ich nach Hause
gekommen? ....

Wer war dabei? ....
....

Andenken an die Party
hier einkleben

Meine Lieblingsstars

Lieblingssänger(in)

Name: ....

Bester Song: ....

In welchen Momenten höre ich ihre/seine
Songs? ....

....

....

Songs, die ich auswendig kann: ....

....

....

....

U ROCK!

Klebe hierher
ein Foto von
deiner Lieblingssängerin/
deinem Lieblingssänger

Lieblingsschauspieler(in)

Name: ....

Lieblingsfilm(e): ....
....
....

Was mir an ihr/ihm am besten
gefällt: ....
....
....
....

Klebe hierher
ein Foto von
deiner Lieblingsschaupielerin/
deinem Lieblingsschauspieler
oder ein Plakat
ihres/ seines besten Films

Lieblingssportler(in)

Name: ....
Sportart: ....
Größter Erfolg: ....
....

Was mir an ihr/ihm am besten
gefällt: ....
....
....

Klebe hierher
ein Foto von
deiner Lieblingssportlerin/
deinem Lieblingssportler

Coole Kultur und Tipps zum Vormerken

Meine 3 Lieblingssongs

des Jahres: ....

....

....

....

Meine 3 Lieblingsbücher

des Jahres: ....

....

....

....

....

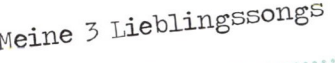

Meine 3 Lieblingsfilme

des Jahres: ....

....

....

....

....

Meine 3 Lieblingsserien
des Jahres: ....

....

....

....

....

....

Die tollste Ausstellung:

....

....

....

....

Das beste Event: ....

....

....

....

....

Klebe hierher
Souvenirs oder Fotos von
kulturellen Veranstaltungen,
die du besucht hast

U ROCK!

Tipps von Freundinnen

Spannende Websites, interessante Adressen, originelle Ideen:

- ....
....
....

- ....
....
....

- ....
....
....

- ....
....
....

- ....
....
....

Mein Modebuch

Meine Lieblingsmarken:

....

....

....

....

Unverzichtbares in meinem Kleiderschrank:

....

....

....

....

....

Meine 3 Kult-Accessoires

....

....

....

Klebe hierher

Fotos aus Modezeitschriften,
die dich inspirieren

Wenn ich mich wohlfühlen will,

trage ich: ....

....

....

....

Wenn ich auf eine Party eingeladen

bin, trage ich: ....

....

....

....

Klebe hierher
ein Foto von dir
in Klamotten, die du liebst

Hut oder Haarband? ....

Turnschuhe oder Ballerinas? ....

Rock oder Hose? ....

Jacke oder Mantel? ....

Meine Träume

Mein größter Traum

....
....
....
....
....
....
....

Diesen Beruf möchte ich einmal ausüben: ....

In diese Länder möchte ich reisen: ....
....
....

So sieht mein Leben mit 20 aus: .....
....
....
....
....
....
....

Mein Traumurlaub

Wo? ....
....

Mit wem? ....

Was machen wir? ....
....
....
....

Mein Traumabend

Wo? ....

Mit wem? ....
....

Was machen wir? ....
....
....
....

3 Träume, die ich realisieren möchte, bevor ich 20 bin:

1. ....
....
....

2. ....
....

3. ....
....

Wenn ich Künstlerin wäre, wäre ich: ....

Die wichtigsten Leute

Meine Freundinnen

Nachname: ....
Vorname: ....

Adresse: ....
....

Haarfarbe: ....
Augenfarbe: ....

Geburtsdatum: ....

Das Großartigste, was wir
zusammen erlebt haben: ....
....

Das mag ich an ihr besonders:
....
....
....

Nachname: ....
Vorname: ....

Adresse: ....

Haarfarbe: ....
Augenfarbe: ....

Geburtsdatum: ....

Das Großartigste, was wir
zusammen erlebt haben:
....
....
....

Das mag ich an ihr besonders:
....
....

Mein Liebster

Nachname:

Vorname:

Adresse:

Tel:

E-Mail:

Haarfarbe:

Augenfarbe:

Geburtsdatum:

I LOVE YOU

So haben wir uns kennengelernt:

Wer den ersten Schritt gemacht hat:

Das mag ich am liebsten an ihm:

Das halte ich von seinen Freunden:

Das würde ich ihm gern sagen
(traue mich aber nicht):

Sein schönstes Geschenk:

Mein schönstes Erlebnis mit ihm:

Text- und Bildnachweis

Meine Tests, meine Tipps und Tricks
Text: © Caroline de Hugo; **Fotos:** Trennblatt: © Rido/Fotolia.com; S. 6: © Kaponia Aliaksei/Fotolia.com; S. 7: © Kaponia Aliaksei/Fotolia.com; S. 8 (oben): © stormy/Fotolia.com; S. 8 (unten): © prudkov/Fotolia.com; S. 9: © Kaponia Aliaksei/Fotolia.com; S. 10: © Khorzhevska/Fotolia.com; S. 11 (oben): © Luis Louro/Fotolia.com; S. 11 (unten): © Belodarova/Fotolia.com; S. 12 (oben): © perminoffa/Fotolia.com; S. 12 (unten): © karelnoppe/Fotolia.com; S. 14: © Ariwasabi/Fotolia.com; S. 15 (oben): © Alliance/Fotolia.com; S. 15 (unten): © micromonkey/Fotolia.corn; S. 16: © Ariwasabi/Fotolia.com; S. 18: © Siberia/Fotolia.com; S. 19: © Arman Zhenikeyev/Fotolia.com; S. 20 (oben): © skampixelle/Fotolia.com; S. 20 (unten): © PhotoSG/Fotolia.com; S. 22: © Antonioguillem/Fotolia.com; S. 23 (oben): © contrastwerkstatt/Fotolia.com; S. 23 (unten): © Eléonore H/Fotolia.com; S. 24: © grafikplusfoto/Fotolia.com; S. 26: © oldline2/Fotolia.com; S. 27: © Sergey Nivens/Fotolia.com; S. 28: © Eléonore H/Fotolia.com.

Meine Geheimnisse
Text: © Caroline de Hugo; **Fotos:** Trennblatt: © aleshin/Fotolia.com; S. 35: © Syda Productions/Fotolia.com; S. 37: © Photographee.eu/Fotolia.com; S. 38: © prudkov/Fotolia.com; S. 39: © JPC-PROD/Fotolia.com; S. 40: © facto/Fotolia.com; S. 41: © nenetus/Fotolia.com; S. 42: © prudkov/Fotolia.com; S. 43: © Claude Calcagno/Fotolia.com; S. 44: © milicanistoran/Fotolia.com; S. 45: © Khorzhevska/Fotolia.com; S. 47: © karelnoppe/Fotolia.com; S. 48: © Dan Race (fille skate)/Fotolia.com; S. 49: © Andriy Petrenko/Fotolia.com; S. 51: © Photographee.eu/Fotolia.com; S. 52: © doble.d/Fotolia.com; S. 53: © Christophe Fouquin/Fotolia.com; S. 54: © Carola Schubbel/Fotolia.com; S. 55: © DoraZett/Fotolia.com; S. 56: © Khorzhevska/Fotolia.com; S. 57: © godfer/Fotolia.com; S. 58: © godfer/Fotolia.com; S. 59: © Syda Productions/Fotolia.com; S. 60: © Khorzhevska/Fotolia.com; S. 61: © Kaponia Aliaksei/Fotolia.com; S. 62: © len44ik/Fotolia.com; S. 63: © mangostock/Fotolia.com; S. 65 (oben): © Dan Race/Fotolia.com; S. 65 (unten): © contrastwerkstatt/Fotolia.com; S. 66: © Ariwasabi/Fotolia.com; S. 67: © Khorzhevska/Fotolia.com.

Meine Rezepte
Texte: S. 78: © Sacha Maris; S. 79: © Noémie André; S. 83: © Sacha Maris; S. 84: © Noémie André; S. 85: © Camille Depraz; S. 86: © Corinne Jausserand; S. 89: © Sandrine Houdré-Grégoire; **Fotos:** Trennblatt: © larshallstrom/Fotolia.com; S. 70: © M.-J. Jarry (Styling: B. Abraham); S. 71: © M.-J. Jarry (Styling: B. Abraham); S. 72: © C. Faccioli (Styling: S. Paris); S. 73: © C. Faccioli (Styling: S. Paris); S. 75: © J.-B. Hall (Styling: C. Moreau); S. 76–77: © P.-L. Viel (Styling: V. Drouet); S. 78: © N. Cornet (Styling: S. Mahut); S. 79: © V. Guedes (Styling: V. Guedes); S. 81: © O. Ploton (Styling: B. Bloyer); S. 82: © N. Cornet (Styling: S. Mahut); S. 84: © V. Guedes (Styling: V. Guedes); S. 85: © O. Ploton (Styling: A. Cosson); S. 87: © C. Faccioli (Styling: C. Jausserand); S. 88: © F. Besse.

Meine Eigenkreationen
Texte: S. 92–101: © Sandra Lebrun; S. 102–111: © Didier Boursin; **Fotos:** Trennblatt: © Nastasia Froloff; S. 92–101: © O. Ploton; S. 103: © Stasys Eidiejus/Fotolia.com; S. 106: © Richard Laschon/Fotolia.com; S. 109: © Serguey Titov/Fotolia.com; S. 104–105, 107–108, 110–111: © O. Ploton.

Meine Notizen und Erlebnisse
Fotos: Trennblatt: © LanaK/Fotolia.com; S. 115: © yanlev/Fotolia.com; S. 116: © volkonskaya/Fotolia.com; S. 119: © stormy/Fotolia.com; S. 121: © Syda Productions/Fotolia.com; S. 124: © RG/Fotolia.com; S. 126: © gstockstudio/Fotolia.com; S. 129: © Kirill Kedrinski/Fotolia.com; S. 132: © Maya Kruchancova/Fotolia.com; S. 135: © Khorzhevska.

Impressum

Für die Originalausgabe:
© Larousse 2014
Originaltitel: *Le Girls' book – Mon journal à personnaliser*

Autoren: Caroline de Hugo, Sacha Maris, Noémie André, Camille Depraz, Corinne Jausserand, Sandrine Houdré-Grégoire, Sandra Lebrun, Didier Boursin

Für die deutschsprachige Ausgabe:
© 2016 moses. Verlag GmbH

7. Auflage 2019

moses. Verlag GmbH
Arnoldstraße 13d
47906 Kempen

Fon 02152 – 20 98 50
Fax 02152 – 20 98 60
Mail info@moses-verlag.de
www.moses-verlag.de

FSC
www.fsc.org
MIX
Papier aus verantwortungsvollen Quellen
FSC® C017606

Die Ratschläge in diesem Buch sind von den Autoren und dem Verlag sorgfältig erwogen und geprüft worden. Dennoch kann eine Garantie nicht übernommen werden. Eine Haftung des Verlags für Personen-, Sach- und Vermögensschäden ist ausgeschlossen.

ISBN: 978-3-89777-851-1

Übersetzung: WortSchatz, Kristin Lohmann, München
Satz und Redaktion: Christiane Manz für bookwise GmbH, München

Mit über 180 Stickern!

BFF

4 Ever

Gib diesem Buch deine ganz persönliche Note und gestalte dein eigenes Cover!

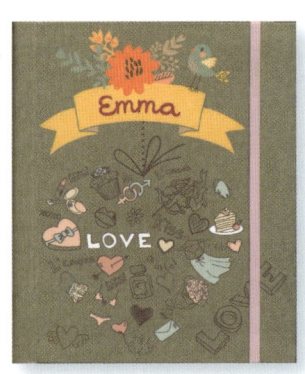